如何说得滴水不漏，并且还能让人舒服？

别输在不会说话上

李金水/著

江西美术出版社
JIANGXI FINE ARTS PUBLISHING HOUSE

图书在版编目（CIP）数据

别输在不会说话上 / 李金水著. -- 南昌：江西美术出版社, 2018.3（2019.7 重印）
（时光新文库）
ISBN 978-7-5480-6015-4

Ⅰ. ①别… Ⅱ. ①李… Ⅲ. ①语言艺术—通俗读物 Ⅳ. ① H019-49

中国版本图书馆 CIP 数据核字（2018）第 032517 号

出 品 人：周建森
企　　划：北京江美长风文化传播有限公司
策　　划：北京兴盛乐书刊发行有限责任公司
责任编辑：王国栋　楚天顺　李小勇
版式设计：曹　敏
责任印制：谭　勋

别输在不会说话上

作　　者：李金水

出　　版：江西美术出版社
社　　址：南昌市子安路 66 号江美大厦
网　　址：http://www.jxfinearts.com
电子信箱：jxms@jxfinearts.com
电　　话：010-82093808　　0791-86566124
邮　　编：330025
经　　销：全国新华书店
印　　刷：北京柯蓝博泰印务有限公司
版　　次：2018 年 3 月第 1 版
印　　次：2019 年 7 月第 4 次印刷
开　　本：880mm×1280mm　1/32
印　　张：7
ISBN 978-7-5480-6015-4
定　　价：29.00 元

本书由江西美术出版社出版。未经出版者书面许可，不得以任何方式抄袭、复制或节录本书的任何部分。

版权所有，侵权必究

本书法律顾问：江西豫章律师事务所　晏辉律师

前言
Preface

我们都曾经有过这样的懊恼:

为什么一到关键时刻就哑口无言,事后才悔恨不已?

明明辛苦工作一年,却把工作汇报做成了"辞职报告";

终于把喜欢的姑娘约出来了,说话却支支吾吾、词不达意;

准备很充分的商务谈判,但和对方短兵相接时,大脑却一片空白;

……

心理学家把这种关键时刻掉链子的情况称之为"克拉克景象"。据说是因为澳大利亚有一名出色的短跑选手罗·克拉克,虽然他在各类竞赛上已经19次打破了世界纪录,但是却在奥运会上频繁失败。其实,这类现象并不只在他一个人身上出现,在许多世界级比赛里,很多平常表现非常优异的选手都是失利者。

现代社会,我们需要应对的不再是原始人或者野兽,但没有硝烟的战场却无处不在,而大多数时候你是无法逃避、不能逃跑的,只能通过说话来占据主动、化解矛盾、扭转乾坤。

说话是一门艺术。说话是最容易的事,也是最难的事。说它最容易,因为三岁的小孩也会说话;说它最难,因为最擅长辞令的外交家也有说错话的时候。

我们生活中的每一天都离不开说话。说话，是人们交流思想、交流感情最重要的工具。交流，不在于你说了多少话，而在于交流的双方互相传递了多少有用的信息，达成了多少自己想要的效果。有时候，不会说话会让自己处于被动的位置，别人想听的话自己表达不出来，自己想知道的也不知道该如何问，这样的沟通十分麻烦。

"酒逢知己千杯少，话不投机半句多"道出了说话的重要性。那么，出口成章、庄谐杂出、旁征博引的人就是会说话的人？语言学家王力说："泼妇骂街往往口若悬河，走江湖卖膏药的人，更能口若悬河，然而我们并不承认他们会说话。"

一个会说话的人，他说的话周围的人才听的进去，这就是威信，而不会说话的人，正在被这个劣势拖后腿。

一个会说话的人，不但仕途上春风得意，家庭里也是和谐美满，而一个不会说话的人不但升职加薪无望，人际关系也不会好，每天生活在痛苦烦躁之中。

怎么能够摆脱困境呢？方法只有一个：刻意练习说话，成为一个会说话、情商高的人。

说话需要刻意练习吗？当然！梁实秋说：写文章讲究开门见山，起笔最要紧，要来得挺拔而突兀，或是非常爽朗，总之要引人入胜、不同凡响。谈话亦然。

　　如何把话说到别人心窝里，怎样靠一张嘴就让别人喜欢你？本书《别输在不会说话上》是一本口才宝典，模拟多种场合，解析说话技巧，培养交谈礼仪，提升人生境界。希望忙碌的现代人能潜心读完此书，让你在官场、商场、情场成为一个处处受欢迎的人，在人生中找到属于自己的成功和幸福。

目录
Contents

第一章　掌握7种技巧，说话不再得罪人

考虑对方感受，想好后再说　/　002

看破而不说破，大家都好过　/　005

发生争执时，尊重不同的意见　/　008

传达坏消息，看清情绪再说话　/　012

见对人说对话，学会谨言慎行　/　016

不随便否定，鼓励得人心　/　020

拒绝别人，态度委婉温和　/　023

第二章　培养10种礼仪，5分钟打动人心

不插嘴，等人把话说完　/　032

尊重他人，让他感到尊重　/　036

商量着说，更能解决问题　/　040

说"对不起"，化解误会　/　044

说赞美的话，人人都爱听　/　048

说客气话，不必过分客套　/　052

展示热情，打动身边的每个人　/　055

沉默是金，多看多听少开口 / 059

有一说一，承诺了就努力做到 / 064

凡事有度，开玩笑掌握好分寸 / 070

第三章　修炼 6 种境界，开口就受到欢迎

开口乐人，加点幽默的调料 / 076

开口容人，忍受缺点和过失 / 080

开口暖人，对别人表示关心 / 083

开口激人，说他多好就有多好 / 086

开口助人，给人方便自己方便 / 090

开口服人，动之以情、晓之以理 / 093

第四章　遵守 11 种规矩，跟谁都能聊得来

言多必失，不该说的就不说 / 100

多说"我们"，少说"我" / 104

给人面子，批评更乐于接受 / 108

先行自责，得到同情和理解 / 113

忌讳和冒犯的话要避免去说 / 116

到什么场合就说什么样的话 / 118

设身处地，为对方着想 / 122

莫口无遮拦，以免引人反感 / 125

功劳不独占，和大家一起分享 / 128

不必太较真，琐碎之事少挑剔 / 134

心里能藏住事，不谈隐私话题 / 137

第五章　套用 8 种形式，在各种场合学会说服人

刚柔并用式 / 144

标志效果式 / 146

层层剥笋式 / 150

添加佐料式 / 152

先承后转式 / 155

引蛇出洞式 / 158

先大后小式 / 161

逆反效应式 / 164

第六章　消除 12 种负能量，别输在不会说话上

不固执，少一点自以为是 / 168

不卖弄，没有谁比谁更聪明 / 172

不暴躁，别让情绪掌控舌头 / 177

不抬杠，和人作对是自作聪明 / 180

不妄议，不背后评论别人 / 183

不逞强，直言直语最伤人 / 187

不自夸，知道多少说多少 / 189

不霸道，得理也肯让三分 / 193

不抱怨，生活原本就有得有失 / 197

不出恶言，不碰触别人的痛处 / 200

不找借口，别找理由推脱责任 / 204

不说绝话，留一点余地好见面 / 208

第一章

掌握7种技巧,说话不再得罪人

考虑对方感受，想好后再说

有些人不假思索按照自己的意愿说话，伤害到了别人，自己却一无所知。这样的例子不在少数。因此，我们在说话的时候要三思而后说，在说话之前应考虑对方的感受，这样，就可以对别人多一份尊重，多一份相互的关怀和理解，让语言更加柔和与委婉，让人际关系更加和谐。要像打扮你自己一样用心打扮你的言语，才能够让人舒服地与你交往，从而愿意成为你的朋友。这就需要我们掌握好说话的分寸，想好后再说。

微信朋友圈流传着这样一个故事，说的是：老阮来自三线城市，他家也是普通人家。这一年，老阮的孩子考取了一所普通大学，不是"985"，也非"211"，但是，这对他家来说已经是一件大喜事，因为阮家祖上还没出过大学生。

开学前夕，全家人送孩子到车站时，碰到了一个旧友。旧友满面红光，说也来送儿子去上学。聊天中问老阮的孩子考的什么学校，读的什么专业。听老阮兴致勃勃地报出，旧友立刻露出惊讶的神情，说那所学校名声很臭，读的专业以后就业会非常困难。旧友又说，读那个专业，还不如去找份工作。最后，这位老朋友还不忘显摆一下自己儿子考的名牌大学和专业，以及日后如何前途光明。

且不说老阮的朋友是否有足够的智慧与远见能窥见未来，即使说的是事实，他的这一番话就很不厚道，最起码，老阮一家的兴致与憧憬，就被他的这一番"高见"给浇没了。

朱自清在《沉默》一文中写道："你的话应该像黑夜的星星，不应该像除夕的爆竹。"我们在说话的时候，一定要注意包装自己的语言。这样不仅能够防止无意中中伤别人，还可以让自己的话语更有魅力。很多时候，或许一句自己认为无关紧要的话就可能在听者的心中划开一道无法愈合的伤口。有道是"说者无心，听者有意"，同样的一句话，不同的人说会有不同的效果，不同的人听到了也会有不同的反应。

会说话的人可能会说得人开怀一笑，而不会说话的人就可能会让敏感的人觉得自尊心受到了伤害。因此，小心"说者无心，听者有意"，这是会说话的大前提。粗心的人说话常常不经仔细思考，只顾自己把话说完，而忽略了"听者"的闻后所想，造成无法弥补的损失。下面就是一个这样的例子。

有一个主人请客,看看时间都快到点了,还有一大半的人没来,心里很焦急,便自言自语地说:"怎么搞的,该来的客人还不来?"一些敏感的客人听到了,心想:"该来的没来,那我们是不该来的?"于是悄悄地走了。

主人一看这种情况,更着急了,就接着说:"怎么这些不该走的客人,反倒走了呢?"剩下的客人一听,又想:"走了的是不该走的,那我们这些没走的倒是该走的了!"于是又走了几个朋友。

房间里只剩下了一个朋友。看到这尴尬的场面,那个朋友就劝他说:"你说话前应该先考虑一下,否则说错了,就不容易收回来了。"主人大叫冤枉,急忙解释说:"我并不是叫他们走哇!"朋友听了也大为光火,说:"不是叫他们走,那就是叫我走了。"说完,头也不回地离开了。

从上面的例子可以看出:在我们和人沟通的过程中,往往会因为一句话而引起他人的不悦,原因在于我们没有考虑到对方的感受,而只顾发泄自己的情绪,一吐为快。虽然说者无心,但是听者有意。如果我们不注意自己的言语,如果我们不"慎言",就会不同程度地给听者造成伤害。

同样的事情,有的人着急上火,口不择言,有的人则不急不躁，言语稳重，最后结果就大相径庭。话语如同一把利刃，可以伐木也可以伤人，就看操持者怎么使用。既然每个人都喜欢听美酒一样的良言，为什么不对别人也说出美好的语言呢？包装一下再出口，注意说话的方式，把难说的话说得好听，才是真正有素养的口才高手。

 **好好说话**

为了避免产生语言冲突，在说任何话之前，都该先想想"如果别人对我这样说，我会作何感想？""我的批评是有害的，还是有益的？"。在很多的情况下，如果能多花一些时间，设身处地为他人着想，就不会因一句话惹得众人怒了。

看破而不说破，大家都好过

人们多多少少都会犯一些错误。可是有的人发现别人的错误时，便会大声指出来，就算是不值一提的小事也会当成大事对别人说，到处宣扬。这样不懂得照顾别人面子的人往往不讨人喜欢，甚至遭到别人的厌烦，受到周围人的孤立。如果不想招人烦的话，就要学会给别人留一点面子，给自己留一条路。

俗语说：树要皮，人要脸。这里的"脸"，不是指人们看得见摸得着的那张脸，而是指大家看不见摸不着的"脸面"，即面子。对大多数人来说，面子代表着作为一个人的人格和尊严。给了面子，就是尊重了人格；扫了面子，就是侵犯了尊严。古往今来，人们向来很重视面子问题。实际上，就是看透别说透。事情说得太白，反而会伤和气，或显得太无聊。懂得此术，在交际中自然游刃有余。所以，当你发现别人的不对与错误时，要学会看破不说破，留足面子给对方。

有一位高僧受邀参加素宴。席间，高僧发现在满桌精致的素食中，其中一盘菜里竟然有一块猪肉。高僧的徒弟故意把肉翻到菜面上，打算让宴客的主人看到，没想到高僧立刻用自己的筷子把肉掩盖起来。一会儿，徒弟又把猪肉翻出来，高僧再度把肉遮盖起来，并在徒弟的耳边轻声说："如果你再把肉翻出来，我就把它吃掉！"于是徒弟再也不敢翻了。

高僧宴后辞别了主人。归途中，徒弟不解地问高僧："师父，刚才那厨子明明知道我们是不吃荤的，却把猪肉放到素菜中。徒弟只想让主人知道，处罚处罚他！"

高僧轻笑地摇摇头，说："每个人都会犯错误，无论是有心还是无心。如果让主人看到了菜中的猪肉，盛怒之下他很可能当众惩罚厨师，甚至会把厨师辞掉。这不是我愿意看见的。所以我宁愿把肉吃下去。当然，待人处事固然要'得理'，但也要学会'让人'。留一点余地给得罪你的人，不但不会吃亏，反而还会有意想不到的惊喜和感动。"

徒弟听后，大彻大悟，对师父也越发尊敬起来。

看破千万不要点破，做到得理饶人，留一点余地给得罪你的人，给对方一个台阶下。不然的话，你不但"消灭"不了这个"敌人"，还会让身边更多的朋友疏远你。俗话说：得饶人处且饶人。放对方一条生路，给对方一个台阶下，为对方留点面子和立足之地，这样做并不是很难。

如果你得理不饶人，让对方走投无路，就有可能激起对方"求生"的意念。而既然是"求生"，就有可能不择手段，不顾后果，很有可能断了你的后路。这样对你自己也没有任何好处。反之，如果放他一条生路，他便不会对你造成伤害。而且对方有可能还会因此对你心存感激。况且这个世界本就很狭小，但变化却很大。

三十年河东,三十年河西。如果哪一天两人再度相逢,届时若他势强而你势弱,你想他会怎样对你呢?

 **好好说话**

我们总是说,本是同根生,相煎何太急。然而,有些人却恰恰相反,他们喜欢从自己的同类上找优越感,以为这样,自己就能变得比对方更高级。事实上,正如英国作家哈兹里特说的:"在所有情况下,凡是我们对某种事物表示出极大蔑视的时候,那正清楚地说明了,我们是感到与它们处在十分接近的地位上。"鲁迅先生说得更是一针见血:"强者抽刀向更强者,弱者抽刀向更弱者。"这是由人性的阴暗面折射出的悲哀。

发生争执时,尊重不同的意见

人与人之间需要相互帮助和忍让,缺少这两样便什么事也干不了。不要斤斤计较、小题大做,在给对方设一道门的时候，也把自己堵在了门外。

留心我们的周围，争执几乎无处不在。一场电影、一部小说、一个特殊事件，甚至某人的发式与装饰都能引发一场你黑我白的大较量。然而，争执带给我们的结果常常是不愉快的，因为每一方都以对方为"敌"，试图以一己的观念强加于别人而根本不把对方的意见放在眼里。

针对这个问题，美国耶鲁大学的两位教授进行了一项实验。

这两位教授耗费7年时间，调查了种种争论的实态。例如，店员之间的争执、夫妇间的吵架、售货员与顾客间的斗嘴等，甚至还调查了联合国的讨论会。

结果，他俩证明了凡是去攻击对方的人，绝对无法在争论上获胜。

当别人和你谈话时，他根本没有准备请你说教，你若自作聪明，拿出更高超的见解，对方绝不会乐意接受。所以，你不可随便摆出要教导别人的姿态。你的同事向你提出一个意见时，你若不能赞同，至少要表示可以考虑，但不可马上反驳。要是你的朋友和你谈天，你更要注意，太多的执拗会把一切有趣的生活变得乏味。

遇上别人真的错了，又不肯接受批评或劝告时，别急于求成，后退一步，把时间延长些，隔一天或两个星期再谈吧！否则大家都固执，不仅没有进展，反而互相伤害感情，造成隔阂了。

许多人因为喜欢表示不同意见，而得罪了同事，所以常常有人说不要轻易表示不同意见。这种看法是很片面的。只要你的办法是正确的，向别人表示自己的不同意见，不但不会得罪人，而且有时还会大受欢迎，使人有"听君一席话，胜读十年书"的快感。

那么怎样才能有效避免无谓争执呢？大致可以从这几个方面做起：

1.欢迎不同的意见

当你与别人的意见始终不能统一的时候，这时就要求舍弃其中之一。人的脑力是有限的，有些方面不可能完全想到，因而别人的意见是从另外一个人的角度提出的，总有些可取之处，或者比自己的更好。这时你就应该冷静地思考，或两者互补，或择其善者。如果采取的是别人的意见，就应该衷心感谢对方，因为有可能此意见使你避开了一个重大的错误，甚至奠定了你一生成功的基础。

2.不要相信直觉

每个人都不愿意听到与自己不同的声音。当别人提出与自己不同的意见时,我们的本能反应是争辩,为自己的意见进行辩护并竭力去寻找根据,其实这完全没必要。你要做的是平心静气、公平谨慎地对待两种观点(包括你自己的),并时刻提防你的直觉(争辩意识)对你做出正确抉择的影响。值得一提的是,有的人脾气不好,听不得反对意见,一听见就会暴躁起来。这时就应控制自己的脾气,让别人陈述观点。

3.耐心把话听完

每次对方提出一个不同的观点,不能只听一点就开始发作了,要让别人有说话的机会。一是尊重对方,二是让自己更多地了解对方的观点,以判断此观点是否可取,努力建立了解的桥梁,使双方都完全知道对方的意思,不要弄巧成拙。否则的话,只会增加彼此沟通的障碍和困难,加深双方的误解。

4.仔细考虑反对者的意见

在听完对方的话后,首先要去找能说服你的意见,看与你的见解有何不同。如果对方提出的观点是正确的,则应放弃自己的观点。一味地坚持己见,只会使自己处于尴尬境地。

5.真诚对待他人

如果对方的观点是正确的,就应该积极地采纳,并主动指出自己观点的不足和错误的地方。这样做,有助于减少他们的防卫,同时也缓和了气氛。

 **好好说话**

对某件事情、某个问题,我们不能因为别人跟我们的价值观不一样就说他是错的。有了这样的认识,就不会时时刻刻想要争辩理论出一个是非曲直,这样我们的生活才会和谐。

传达坏消息,看清情绪再说话

王小波在《花剌子模信使问题》中写道:"据野史记载,中亚古国花剌子模有一古怪的风俗,凡是给君王带来好消息的信使,就会得到提升,给君王带来坏消息的人则会被送去喂老虎。于是将帅出征在外,凡麾下将士有功,就派他们给君王送好消息,以使他们得到提升;有罪,则派去送坏消息,顺便给国王的老虎送去食物。"

花剌子模是否真有这种风俗并不重要,重要的是,古往今来,没有人想要听到坏消息。你将要说出口的坏消息,对别人来说都是悲催的事。这些让你感到为难的话通常也不会受到对方欢迎,所以要格外注意,尽量不要说错。

报告坏消息总是令人感觉难以启齿、别别扭扭、特别痛苦,报告消息的人和听到消息的人感觉是一样的。日常生活中,经常要向别人报告坏消息的可能就是医生了。因此,我们可以跟他们学习一些经验。

医学博士罗伯特·巴克曼是玛格丽特王后医院的肿瘤专家。作为一名专业肿瘤医生,他经常要向人报告坏消息。他认为,报告坏消息的秘诀不在于你说什么,而在于你怎样听别人说话,以及如何回答别人的问题。因此,他和同事一起,创立了一种简单有效的"骨架"(SPINES)策略:

"骨架"(SPINES)策略分为六个步骤:姿势(Setting)、心情(Perception)、开场(Initiating)、内容(Narrative)、情绪(Emotions)、方法和摘要(Strategy & Summary)。

首先,身体姿势尽可能放舒服些。坐下来,创造一个私密空间（关上门、关上电视等）。然后，尽最大努力判断对方的感觉或猜测——也就是判断他们对事态的心情。是担心呢，还是已经知道发生了不幸？你还能继续说下去吗？

知道了对方的感觉，就能顺利进行下一步——开场了。使用什么样的语言取决于你的个人风格，以及你与对方的关系。如果你带来的消息出乎意料，你或许可以这样说："我必须告诉你……"或者"医院刚打来电话说，发生了一起事故……"又或者"我刚才问了医生……"

下面两步必须同时进行：一边向对方叙述事件的内容，一边注意对方的反应和情绪。内容就是事件发生的情况。你在解释整个情况的时候，需要同时关注对方各方面的情绪，这是整个过程中最重要的步骤。如果能完美地化解对方的情绪问题，那你的交流就算成功了，即便其他步骤完成得不妥当也没关系。

要化解对方的情绪问题，最有效的方法就是移情——主要包括三个步骤：

确定对方情绪的出现——不论是震惊、不相信、生气、害怕、悲痛，还是这些情绪混合在一起或者其他的表现。

确定情绪产生的原因——在这种情况下，原因肯定是听到了坏消息。

你明确知道以上两个步骤的必然联系，然后做出反应。

比如，你向人报告一起事故，甚至是死亡事故，移情的反应就是简单地说："告诉您一个不幸的消息。"你也可以加上自己的同情："告诉您一个不幸的消息，我也很难受。"最重要的就是表达一种移情——你知道别人的感觉。

最后一步就是告诉对方处理这个问题的方法。制定一个切实可行的计划，包括明确告诉对方下一步怎么办，你什么时候再和对方联系，等等。不论你的帮助是多么微不足道，你都必须实实在在地做到。

好好说话

日常工作中，有时我们要向上司报告坏消息，这更是个苦差事。假如你刚刚才得知，一件非常重要的案子出了问题。如果立刻冲到上司的办公室里报告这个坏消息，就算不干你的事，也只会让上司质疑你处理危机的能力，弄不好还惹来一顿骂、把气出在你头上。此时，我们可以用最婉约的方式来传递坏消息，比如"我们似乎碰到一些状况……"你应该以不带情绪起伏的声调，从容不迫地说出事实，千万别慌慌张张，也别使用"问题"或"麻烦"这一类的字眼；要让上司觉得事情并非无法解决，而"我们"听起来像是你将与上司站在同一阵线，并肩作战，这样可以有效地避免你遭受池鱼之殃。

见对人说对话，学会谨言慎行

会说话的人之所以受欢迎，是因为她能够根据不同的情况、不同的地点、不同的人物，变换自己说话的语气和方式，通俗一点说，就是有察言观色的本领。看到对方喜欢什么，你就要顺着他喜欢的话去说，顺着他喜欢的事去做；看到对方厌恶什么，忌讳什么，就要避开他忌讳的不去说，避开他厌恶的事不去做。这样，对方就会觉得你是他的知心人。

相反，如果你以说教的口气同老师说话，以傲慢的态度同长辈说话，以尖锐的言辞同上级说话，那你就可能会得罪他。

有这样一个故事：来自各国的企业家正在一艘游艇上，一边观光，一边开会。突然船出事了！船身开始慢慢下沉。船长命令大副立刻通知实业家们穿上救生衣跳海。几分钟后,大副回来报告说没有一个人愿意往下跳。

危机之时,船长的女儿对父亲说:"我有办法让他们跳海。"果然,一会儿工夫,只见实业家们一个接一个地跳下海去。大副请教这位小姐说:"您是如何说服他们的呢?"她说:"我告诉英国人,跳海也是一项运动;对法国人,我就说跳海是一种别出心裁的游戏;而警告德国人说——跳海可不是闹着玩的!在俄国人面前,我认真地表示:跳海是一种壮举。"

"您又是怎样说服那个美国人的呢?"

"太容易了!"船长的女儿得意地笑道,"我只说已经为他办了人寿保险。"

这虽然只是个故事,但是却说明一个道理,那就是要"看人说话",并且应精心地选择说话的内容和方式。

《红楼梦》里的王熙凤就是典型的代表人物,她非常善于察言观色。我们来看林黛玉刚进贾府的那一幕。在林黛玉刚进贾府时,王夫人问:"是不是拿料子给黛玉做衣裳呀?"凤姐答:"我早都预备好了。"也许,她根本没有预备什么衣料,但是王夫人就点头相信了。

还有一次，邢夫人要讨老太太身边的鸳鸯，便先来找凤姐商量，说老爷想讨鸳鸯做妾，凤姐一听，脱口说："别去碰这个钉子。老太太离了鸳鸯，饭也吃不成了，何况说老爷放着身子不保养，官儿也不好生做。"就劝告邢夫人，"明放着不中用，反招出没意思来，太太别恼，我是不敢去的。"

凤姐觉得这件事根本就行不通，所以就劝慰了几句邢夫人。但是邢夫人却听不进去，非常不高兴，冷笑道："大家子都三房四妾的，老爷子怎么就使不得呢？"

凤姐见邢夫人心性大发，知道都是刚才那番话惹的。于是立即改口，赔笑道："太太这话说得极是，我才活了多大，知道什么轻重，想来父母跟前，别说一个丫头，就是那么大的活宝贝，不给老爷给谁。"

这一番话说得邢夫人又欢喜起来，同样是讨鸳鸯这件事，一正一反的两番说辞，同出于凤姐之口，居然都通情达理，动听入耳，这种机变之速真是让人叹为观止。

我们交际的圈子越来越大，所面对的交际对象也是性格迥异，很多人不仅自己说话比较讲究方式方法，而且也很希望别人说话有分寸。因此，要学会根据别人的潜在心理说话，把话说到对方的心坎儿上，时刻注意揣摩你的交际对象心里在想什么。只有这样，你说的话才会与对方的心理相吻合，对方才乐于接受。

同样一个玩笑，能对甲开，不一定能对乙开。人的身份、性格、心情不同，对玩笑的承受能力也不同。对方性格外向，能宽容忍耐，玩笑稍微过火也能得到谅解。对方性格内向，喜欢琢磨言外之意，开玩笑就应慎重。对方尽管平时性格开朗，假如恰好碰上不愉快或伤心事，就不能随便与之开玩笑。相反，对方性格内向，但正好喜事临门，此时与他开个玩笑，效果也会好得出乎意料。

有位名牌大学中文系毕业的高材生，在人才招聘会上，想应聘某公司办公室秘书，青年人在经理面前做自我推销时说话拐弯抹角，半天不切主题。她先说："经理，听说你们公司的环境相当不错。"经理点了点头。接着，她又说："现在高学历的人才是越来越多了。"经理还是点了点头，什么也没说。尔后，高材生又说："经理，秘书一般要大学毕业，要比较能写吧？"高材生的话兜了一个大大的圈子，还是未能道出自己的本意。

岂料，这位经理是个急性子，他喜欢别人与他一样，说话办事干脆利落。正因为高材生未能摸透经理的性格，结果话未说完，经理便借口离开了，高材生的求职也化为泡影。

 **好好说话**

虽然人人都会说话，但说得好与坏，或恰到好处与否，却并非是人人皆会的，好的话会给你带来融洽的人际关系，不得体的话语则会成为你前进路上的绊脚石，两者有着天壤之别。人类语言交流的实践证明：表达同一思想内容，在不同交际场合要求采取与之各自相应的语言形式，否则就达不到交际的目的。

不随便否定，鼓励得人心

说话高手不仅能体察别人的内心世界，而且还能听取意见，体谅各种复杂的情感，从来都很少责备，而是更多的鼓励，以此获得好感和善意。比如，他会以饶有兴趣、欣赏、友善的目光看着对方，观察对方的动作和表情。对方看到他那种友善的目光时，就会像春风解冻一样，浑身上下都有一种轻松的感觉。

当别人犯错误时，我们自然会去责备他们，发泄我们心中的不满。但是你可能没有仔细想过，当你责备别人的时候他很难接受，他会产生严重的抵触情绪，你的责备不能解决问题，只能在你们之间结下怨恨，让事情变得更糟。

也许他确实犯下了愚蠢的错误，但是你有没有想过如果换作是你，你能做得更好吗？每个人都会犯错误，我们为什么不能宽容一点呢？也许设身处地的为别人想想能平息你的怒气，更有助于问题的解决。

卡耐基先生曾经讲过这样一个故事，他的侄女乔瑟芬·卡耐基到纽约去担任他的秘书。她当时只有19岁，还是个孩子，刚刚高中毕业，没有什么做事的经验。在刚开始的时候，她十分敏感脆弱。有次她又犯了错误，卡耐基先生准备指责她，却又马上对自己说："等一下，戴尔·卡耐基，等一下。你几乎有乔瑟芬两倍的年纪，做事经验更是多出好几倍，怎么可以要求她能有你的看法、判断和主动自发的精神——何况你自己也并不挺出色？还有，戴尔，你在19岁的时候是什么德行？记得你像蠢驴一样犯下的错误吗？记得你做过这些……还有那些……吗？"

一想到这里，他不得不如实地下个结论：乔瑟芬比他19岁时要好得多。而他从来没有称赞过她，这令卡耐基感到惭愧。于是，一遇到乔瑟芬犯错时，卡耐基总是这样说："乔瑟芬，你犯下了一项错误。但是，老天知道，我以前也常常如此。判断力并非生来具备，那全得靠自己的经验，何况我在你这个年纪的时候还比不上你呢。我实在没有资格批评你或别人，但是，依我的经验，假如你这么做的话，不是好些吗？"

仔细想想，听别人指出我们的错误很难，但假如对方谦卑地自称他们也并非完美，我们就比较容易接受了。很遗憾，我们在别人犯错误时总是用自己的标准来衡量他人，能够像卡耐基那样开明的人毕竟是少数。其实谁又没有年轻的时候呢？想想当初你犯错之后战战兢兢走进老板办公室的情形，也许你就没有那么生气了。你的责备只会让别人越来越紧张，每当遇到棘手的问题都会变成惊弓之鸟，大脑一片空白。你原本是想让他吸取教训，以后避免再犯类似的错误，但是由于你的责备，情况却变得越来越糟了，真是事与愿违。

别人有了错，也许他自己已经意识到了，对所犯的错误多少有了负罪感，如果不分场合、对象，一味地理直气壮谴责别人，会让人十分难堪。得饶人处且饶人，对那些已经有了内疚之意的人应该学会同情和理解，学会宽容和礼让。

虽说有理走遍天下，无理寸步难行。本来是有理，可是真理向前多走一步也会成为谬误。人们相互之间的尊重和尊严比"理"更宝贵，不能因为有了理就肆意践踏人的尊严，忘记了做人之道。有理不在声高，同样，有理也不一定溢于言表。咄咄逼人只会招人反感，善解人意地给别人一个台阶，也是在给你自己留余地。

好好说话

"人非圣贤，孰能无过"是再熟悉不过的一句话，但奇怪的是好像只有我们自己犯错的时候我们才会想到这句话，别人一旦犯错，我们就把这句话抛到九霄云外去了。在别人犯错的时候，不要一味地责备他，指出错误的同时给他些鼓励，下次他会做得更好。

拒绝别人，态度委婉温和

简单生硬地说"不"，不叫拒绝，拒绝是要讲究技巧的：既要拒绝对方的不适当的要求，又不能伤害对方的自尊，同时又不能损害彼此的正常关系，因此说，拒绝别人并不是容易的事。

署名为艾小羊的作者写过一篇《拒绝别人要干脆》的文章，其中引用了一个故事，是这样的：

地产界流传一个故事，讲的是大哥王石有多爽。他卖了一块地给别人，已经付了订金，大家一起吃饭的时候，买家表情严峻，左不舒服右不舒服，但就是不说为什么不舒服。王石善解人意地说，我们吃完这顿饭，如果你还是不舒服，我就把钱一分不少退给你。吃完饭，他问那人舒服了吗，那人说还是不太舒服，他就退了钱。

其实那块地，地段、形状都不太好，之后放了好多年，也没卖出去。也就是说，这块地卖不出去，是理所当然，卖出去，是意外之喜，王石绝不会因为这块地卖不出去而怀疑人生，更不会拉黑拒绝他的朋友。

不是每个人都有这个买家的好运，现实中很多人，如果你拒绝得不干脆，他们会慢慢说服你，让你去做你并不想做的事。而当你真去做了，对方也并不感激你，相反会拿你的态度说事儿。

在生活中，处处离不开拒绝。比如，双休日你正在家休息，推销员不期而至，说什么"给您送礼来了"，软磨硬缠推不出门；电话铃忽然响了，是某家电器公司的推销人员，向你介绍一种最新产品，是如何物美价廉；你本来经济就有点紧张，却有朋友告诉您"××要结婚了，我们是否祝贺一下""××刚生了个小孩，我们去看看吗"；当你正在办公室聚精会神地工作，来了一位工作刚告一段落的同事对你说："休息一下，别那么累。"刚送走这位先生，又来一位聊天的同事，如果你对他们都热情地奉陪到底，这半天就泡汤了，什么事都做不成了。对付"聊天客"，你可以说："真抱歉，今天是我近来最忙的一天，再累都不敢休息。"稍微知趣者，会立即退出办公室。所以说，在生活中善于拒绝，是摆脱一切干扰的艺术。

很多人在拒绝对方的时候，会产生一种"不好意思"的心理。这种心理阻碍了人们把拒绝的话说出口。由于这种矛盾的心情，态度上就不那么热心，说话吞吞吐吐。在这种心理的制约下，最终往往是依照对方的意图行事。即使拒绝了对方，其态度也容易使对方产生误解，认为你在成心摆架子。因此，要想使自己在工作和社会交往中，不惹出许多麻烦，首先要克服这种"不好意思"的心理障碍。

国外研究拒绝艺术的专家强调，要建立这样一种意识：你有权利说"不"，你不必因为拒绝了某人一件事而感到不好意思。这样，你在拒绝时就会心情坦然、举止大方、态度明朗，避免被误解和猜疑。即使对方开始会对你的拒绝产生一点失望和遗憾，但由于你的态度在向对方表明你是坦诚的，对方会受到感染，容易弱化对方心中的不快。如果你自己都觉得不应该拒绝，那么你的态度就会迟疑不决，对方也会觉得你拒绝的理由是不可信的。

在服装店，你在挑选一件衬衣，样式和做工都令人满意，但在价钱上你却觉得不够理想。看到售货员的热情服务，你不好意思不买它。售货员就是利用你的这种心理，越是看到你在犹豫，服务得越是热情周到。售货员帮你量好尺寸、试大小，甚至动手包装好，放进你的购物袋里，造成既成事实。

初次交女朋友，你也许会感到左右为难，因为她实在不是你喜欢的那种类型。但是，由于是你的上司介绍的，或者是上司的女儿，你在拒绝上产生了犹豫。虽然每次会面都使你感到不舒服，恨不得马上逃得远远的，但你一想到姑娘的身份、上司的威严，你就不得不仔细斟酌。姑娘却对你一见倾心，你的上司也觉得好事可成。随着时间的推移，你一再丧失拒绝的机会，勉强从事，这样的婚姻是不会幸福的。

不知有多少人因为不好意思说出那个"不"字，而买了不称心的衬衫，娶了自己不喜欢的姑娘，答应了自己办不到的事情，耽误了不应该耽误的约会。

在人性的丛林里，人人都在显露自己的欲望，个个都在展现自己的实力，慢一步就失去了机会。因此你应该认清不好意思的真相，大胆地表现你的想法，并采取必要行动，否则你不好意思，别人反而笑你笨！尤其是以下三件事，你绝对不能不好意思。

1.有关个人权益的事

你千万不可不好意思，而应该大胆地争取、保护自己的权益，如果因为不好意思而丧失了自己的权益，不会有人因此而感激你。

2.想拒绝的事

很多人就是因为同事、朋友、亲戚的关系而不好意思拒绝，于是借钱给别人，为他人做担保，甚至冒险为其两肋插刀。结果是帮了别人，害了自己！

3.应该要求的事

很多人因为不好意思,结果事情做不好,对方得不到好处,你也苦了自己。尤其是如果你已成为单位主管或负责人,在工作上绝对不可以不好意思要求他人,否则你将失去权威,甚至被部属欺瞒。

克服"不好意思"的心理,就要求我们对该做的事不要畏首畏尾,对该争取的利益要去争取。当然,如果一个人完全没有不好意思的观念,那么这个人心中就已没有"廉耻"两字,就会走向不道德的另一个极端。

拒绝是不需要理由的,不想做、不合适就是最好的理由。而且,不管理由说得再好听,也是拒绝。当拒绝这个结果摆出来的时候,别人已经在想怎么找下家了,哪有心思听你解释你的难言之隐。

拒绝并不难看,不敢拒绝的姿态才比较难看。你不想付出还想当好人,世上哪有这么便宜的事。所以,对于拒绝这件让你为难的事,下面有几个建议:

1.第一时间说不

理由越简短越好。多一点真诚,少一点套路,只要对得起自己的心,不必考虑对方的接受能力,大家都是成年人,谁还为谁负责?

2.告诉对方,下次有能力,机会合适的时候,再帮忙

如果有人因为你拒绝了他就跟你翻脸,你应该庆幸友谊的小船及时翻了。不然这辈子,注定你是下等兵,他是大老板。你不但要随时在线、随时帮忙,而且帮完忙还得主动敬礼说"团结"。

事实上,很少有人因为被干脆地拒绝而把对方拉入黑名单,只会反思自己,重新评估双方的关系,寻找舒服的点位继续交往,这是一个双赢的结局。

3.当你拒绝别人时,通常要用最委婉、最温和的方式表达你的不同意见

必要时,要向对方详细解释不能答应其要求的理由。解释理由时的语气必须是委婉和坦诚的,而不是生硬和冷淡的。生硬冷淡的拒绝只能伤害并有可能失去朋友。

还要注意的是,如果已经拒绝了别人,事情就到此为止,之后无论是惋惜也好,无奈也好,别人不高兴也好,不要为了弥补对方就一个劲地说"可惜可惜""下次一定一定"之类的话,否则就会让人觉得虚伪了。

需要强调的是,当对方向你提出某种无理的不正当的要求

时，你不需要不着痕迹地温婉，这时你拒绝的语气毫无疑问应该是坚决而不容商量的。

 **好好说话**

拒绝的语言是有讲究的。不善拒绝的人，一次拒绝就可能得罪多年的深交；善于周旋的人，尽管可能每天都在拒绝，仍然能广结人缘，极少招来非议和埋怨。

所以，如果掌握了拒绝的技巧，无论你是委婉还是直接，是找理由推脱还是以情理服人，都能做到不卑不亢、游刃有余。

第二章

培养10种礼仪,5分钟打动人心

不插嘴，等人把话说完

培根曾说："打断别人，乱插嘴的人，甚至比发言者更令人讨厌。"打断别人说话是一种最无礼的行为。

每个人都会有情不自禁地想表达自己想法的愿望，但如果不去了解别人的感受，不分场合与时机，就去打断别人说话或抢接别人的话头，这样会扰乱别人的思路，引起对方的不快，有时甚至会产生误会。

你看到你的朋友和另外不认识的人聊得起劲时，可能有加进去的想法。

因为你不知道他们的话题是什么，而你突然加入，会令他们觉得不自然，也许因此话题接不下去。更糟的是，也许他们正在进行着一项重大的谈判，却由于你的加入使他们无法再集中思想而无意中失去了这笔交易；或许他们正在热烈讨论，苦苦思索解决一个难题，正当这个关键时刻，也许由于你的插话，会导致对他们有利的解决办法告吹，到后来场面气氛就会转为尴尬而无法收拾。此时，大家一定会觉得你没有礼貌，进而人家都厌恶你，导致社交失败。

假设一个人正讲得兴致勃勃时，你突然插嘴："喂，这是你在昨天看到的事吧？"说话的那个人因为你打断他说话，绝对不会对你有好感，很可能其他人也不会对你有好感。

许多不懂礼貌的人总是在别人谈着某件事的时候，在说到高兴处时，冷不防半路杀进来，让别人猝不及防，不得不偃旗息鼓。这种人不会预先告诉你，说他要插话了。他插话时有时会不管你说的是什么，而将话题转移到自己感兴趣的方面去，有时是把你的结论代为说出，以此得意洋洋地炫耀自己的口才。

有一个老板正与几个客户谈生意，谈得差不多的时候，老板的一位朋友来了。这位朋友插进来了，说："哇，我刚才在大街上看了一个大热闹……"接着就说开了。老板示意他不要说，而他却说得津津有味。客户见谈生意的话题被打乱，就对老板说："你先跟你的朋友谈吧，我们改天再来。"客户说完就走了。

老板的这位朋友乱插话，搅了老板的一笔大生意，让老板很是恼火。随便打断别人说话或中途插话，是有失礼貌的行为,但有些人却存在着这样的陋习,结果往往在不经意之间就破坏了自己的人际关系。

《中国诗词大会》让武亦姝一举成名,但其中的另一位选手张淼淼却因为无礼貌地插话引起网友的批评,甚至还因此被扒出个人资料。在那一期节目的"飞花令"环节中,张淼淼回答了"春眠不觉晓,处处闻啼鸟"这句诗,可后面的选手因为紧张也脱口而出了这一句。张淼淼随即递去一个不屑的白眼,并突然插话打断对方说:"我说过了。"网友们看到这一幕,纷纷痛斥张淼淼"没有礼貌,没有教养"。

即使有过人的才华,也无法粉饰张淼淼的粗鲁行为。舞台上的她妆容精致、裙摆飘逸、才思敏捷,但依然让人喜欢不起来。

因为她忘记了最基本的素养——等别人把话说完。张淼淼只是在参加一个比赛,凭借实力她可以战胜选手。但如果是在生活中,无礼地打断别人的话,必然会引起周围人的反感。这种人可能得罪最好的朋友,可能影响身处的团队,甚至无法被真正地接纳和认同。

最有攻心技巧的人,在他的意见遭到反对,或某人要发牢骚时,他总是耐心地听对方把话讲完,还进一步请对方重复其中某些观点和理由，询问对方是否还有别的什么事情要说。这样做就消除了对方的抵触情绪，使对方意识到，听话的人对他的观点感兴趣。

另外，社会心理学家通过对人际关系的研究，一致提出，人际相处的一个最根本的信条就是"不批评对方"，并且，要完全倾听对方的谈话，这样，才能使对方开怀畅谈。

心理咨询时，心理医生通常都尽量让对方说完自己想说的话，而避免在中途打岔。否则，对方倾诉的欲求得不到满足，彼此也就无法建立较亲密的交谈关系，甚至会造成双方敌对的情绪。

另外，一项客户与推销员问题信赖程度的调查也显示：那些在商品售出之后会受到客户非分要求的推销员，大部分都喜欢说话，并且经常打断客户的话。因此，我们可以推知，要启开对方心扉，建立起亲密的关系，问题就在于说话的方式与内容。这样，大家就能明白有作为的推销员多半较木讷的道理了。

好好说话

等人把话说完是一种素养，更是一种善意，而学会倾听、理解他人则是一场修行。说话前需要三思，因为嘴连着心，语言可以是最冰冷的刀戟，戳伤别人。做事前更需要三思，越激动，越需要克制，否则事态的发展很可能超出预期，结局无法收拾。

尊重他人，让他感到尊重

无论任何一种言语交流，彼此尊重都是最重要的前提。只有在相互尊重的基础上，双方才能达成共识，才能使交谈朝着有利于自己的方向进行。

事实上，与那种遮遮掩掩、隐瞒自己真实感受和想法的态度相比，人们更尊重那种毫不含糊的回绝。同时，你也会从这种爽快的回答中，感到自信又回到了自己心中。欲言又止、支支吾吾的态度，只会给人造成"误解"。干脆地表明自己的否定态度，会使人立刻对你刮目相看。

美国有位总统，有次批评他的女秘书："你这件衣服很漂亮，你真是一个迷人的小姐。只是我希望你打印文件时注意一下标点符号，让你打的文件像你一样可爱。"女秘书对这次批评印象非常深刻，从此打印文件很少出错。

身为美国总统，可算是世界上最有权势的人之一了，说话如此委婉、客气，这是他好修养好气度的体现。假如他换一种盛气凌人的口吻呵斥："怎么搞的！连标点符号都搞不清楚，亏你还是名牌大学毕业的！"只能让对方反感，而达不到纠正对方错误的目的。

说话是一门艺术，这点毋庸置疑。所谓"良言一句三冬暖，恶语伤人六月寒"，有很多人说的话，立足点和出发点本来是不错的，但由于不注意说话艺术，却容易导致无谓的误解和争端。

人都是有自尊的，渴望获得他人的尊重。我们要明白，大而言在社会阶层中，小而言在一个团队中，只有收入高低、分工不同的区别，但绝对没有人格的贵贱之分。扪心自问，我需要别人的理解和尊重吗？同样，这也正是别人都需要的。聪明的人就要先理解和尊重别人。

有些人只要他人尊重自己，而自己却不尊重他人。如果你在与人交往时，无意中养成了这种不好的习惯，必遭众人厌恶。

尊重他人是一个人的行为准则，是一个人在人际交往中的信誉形象，无论做任何事，不尊重他人，你在人们心目中的形象首先就会大打折扣，"官气"十足更令众人生厌。

署名"小王子"的微信公众号登载过一篇《尊重每一个服务人员》的文章，作者写道：

前几天，好朋友丹丹去相亲，据说对方是某公司的中层领导。碰面前，两人已在微信上聊了许久的天，丹丹对他的印象不错，感觉是个比较有素养的人。所以丹丹对这次见面，带着一些期待。出发前，我还祝她好运。结果，不到两小时，丹丹就发了一条信息给我："没戏。"

原来，这次碰面是在一家餐厅。进去的时候，男方喊了两声服务员，但因为生意太好，服务员没能及时赶来。他就直接发飙了，大声说自己被怠慢了，你们这的服务怎么这么差，等等。

后来，餐厅经理来给他们道歉，他还不依不饶的。丹丹尴尬不已，一直打圆场。上菜的时候，丹丹对服务员说了声谢谢。男方竟然说:"我们交了钱,就应该享受服务,不用跟他们说谢谢。"丹丹说,虽然对方一直对自己很殷勤,也很有礼貌,但是听到这句话,就知道两人不合适了。

因为一个人的人品和教养如何,完全能从他对服务员的态度体现出来。我深以为然,因为服务员在为你服务的时候,是处在一个相对低的位置,他对你构不成任何威胁。此时此刻你的态度如何,完全靠的是自律。

生活中,我们不难发现,一个真正具有高素质、好教养的人,一定会尊重基层的工作人员,比如外卖小哥、快递员、清洁工。有些人的低姿态、高素养其实是刻意做出来的。真正好的教养,应该是无论面对任何人,都能保持恭敬的心态,尊重每一个人。

人都有一定的自尊心,你要想别人尊重你,首先便要尊重别人。一个不尊重别人的人,是绝不会得到别人的尊重的。在人们的交往中,自己待人的态度往往决定了别人对我们的态度。就像一个人站在镜子前,你笑,镜子里的人也笑;你皱眉,镜子里的人也皱眉;你对着镜子大喊大叫,镜子里的人也冲你大喊大叫。所以,我们要获取他人的好感和尊重,就必须尊重他人。

好好说话

心理学研究表明，人们交友和受尊重的希望都非常强烈。人们渴望自立，成为家庭和社会中真正的一员，平等地同他人进行沟通。

如果你能以平等的姿态与人沟通，对方会觉得受到尊重，从而对你产生好感；相反，如果你自觉高人一等，居高临下、盛气凌人地与人沟通，对方会感到自尊受到了伤害而拒绝与你交往。那么，任何在你看来理所应当的大道理，在对方看来都会拒绝接受。

在沟通中，千万不要伤害对方的自尊，否则，受损失的一定是你自己。

商量着说，更能解决问题

如果你要人家遵照你的意思去做事，应该用商量的口气。譬如说："你看这样做好不好呢？"假使你要你的秘书写一封信，把大意讲了以后，要再问一下："你看这样写是不是妥善？"看了要修改的地方，又说道："如果这样写，你看怎样？"你虽然站在发号施令的角度，可是要懂得别人是不爱听命令的，所以不应当用命令的口气。

在一个盛夏的中午，一群工人在休息，一位监工走上去把大家臭骂一顿，工人们害怕监工，当然立刻站起来去工作了。可是当监工一走，他们便又停手了。如果那位监工和颜悦色地说道："朋友，现在这些工作很要紧，我们忍耐一下来赶一赶好吗？我们早早赶好了，早早回去洗一个澡休息，怎么样？"我想，工人们会一声不响地忍着暑热去工作。

另外一种情况：听了对方说话之后，发现其中有一点自己不大同意，立刻就提出异议，而对方一听，就会以为自己的意见全被否定了，因此会很不高兴。

在这种场合，我们一定要记得预先说明哪一点，或者哪几方面自己是完全同意的，然后指出自己与对方意见不同的只限于某一点。这样，对方很容易地就接受了你的批评或修正。无论你的意见和对方意见的距离多么远，冲突得多么厉害，我们都要表现出一切都可以商量，并且相信，无论怎样艰难，大家都可以得到比较接近的看法。

如果你想让一个人的工作方法有某些改变，或者想让他接受一种新思想，而这个人是那种非常固执的人，很难接受别人的建议，不管那种建议是如何好，他就是认为自己的思想是最有价值的。怎样才能使这种人改变原有的思想观念，按照你的思想方法做事呢？

美国密苏里州一家大电子产品制造公司的副经理凯利·瑞安说："我发现让一个人改变他的工作方法或者工作程序的最好办法，是让这个人认为这一切都是他自己想出来的。我让他对这种改变负有全部责任，我表彰他的主观能动性和预见性，他也相信那全都是他第一个想到的。这样对我们双方都有好处，他会感到自己的工作更重要、更安全，而生产效率也得到提高，这是我所期望的。

但是，我也遇到过不大容易接受这种方法的人。拿我们的生产监督员为例吧，上星期五我对他说：'我认为如果我们把三号切割机搬到那边去，然后再加两个电动卷绕站的话，我们的生产速度还能提高。我想听听你是怎么考虑的。'一天后，他来到我的办公室说：'这个周末，我有了一个最好的主意，如果我们把三号切割机搬到这里，然后再加两个电动卷绕站，我们在组装线上就能少走不少冤枉路，生产效率能提高5%~10%。我们不妨试试看。'那正是我想让他发生的变化，这种方法要比告诉一个雇员去做什么好得多。人们都不喜欢被人家告诉怎样去做他们的工作，他们喜欢按照自己的方法做事。这种建议的方法每次都非常见效，每次我都如愿以偿，而雇员由于提出了新的方法受到嘉奖，这样，我们双方都感到很愉快。"

无论生多大的气，一旦尽情发泄之后，也会自消自解。这是因为，人将不满全部发泄之后，会产生问题似乎已基本解决的错觉。

有家电信企业的领导向专家请教有关服务员与客户冲突的解决办法，说他们那里时有与客户争吵的事情发生。他问专家问题究竟出在什么地方。

经仔细调查，专家发现争吵的根本原因在于服务员对客户的抱怨应对欠佳。根据这种情况，专家建议服务员以后凡遇到用户来查询，最好先认真听他把问题讲完，然后说："好吧，我一定仔细地重新核实。"等过了一段时间，再与对方商谈，这时，由于用户既已把自己想讲的话全部讲完，且又过了一些日子，其火气已大半平息，因而能客观冷静地讨论问题的原因，这样，事情就好办多了。

实践证明，这方法极为有效。

相反，遇到别人怒遏云霄的情况，仍顽强"拼搏"，针锋相对，结果无疑是两败俱伤，不仅不能解决矛盾，反而加剧双方的冲突。

善听人言者能自觉闪避对方的怨言且充耳不闻，此乃化解对方怒气的心理战术。

好好说话

每个人都有自己的头脑和思想，都需要受到尊重。与人商量着说，更能解决问题。

说"对不起"，化解误会

说话做事没有不出错的时候。出了错，应该说"对不起"。向人说"对不起"，就是承认自己的言谈举止或某些做法不妥，并把愧疚的心情传达给对方，请求对方原谅。

打扰了对方，给对方带来了不方便，或做错了事，如果你

及时说一声"对不起！"或"请原谅！"，就会修补已经受到损坏的形象。事先约好的会面你不能去了，要提前告诉对方："对不起，我有事来不了。"别人求你办事，你因故要拒绝，要说："抱歉，这事我帮不了你的忙。"

有两户人家紧邻而居，东家的人和乐相融，生活幸福美满；西家的人经常争吵，天天鸡犬不宁。这种情形引起了一位社会学专家的兴趣。

社会学专家问东家的人说："你们一家人为什么从不像西家人那样经常争吵，而能够和睦相处呢？"

"因为我们一家人都认为自己是做错事的坏人，所以能够互相忍让相安无事；而他们一家人都认为自己是好人，因此争论不休大打出手。"东家的人如此回答。

社会学家又问："这是怎么回事呢？"

东家人回答说："譬如有一个茶杯被打破了。在他们家自以为自己是好人的情况下打破杯子的人不肯认错，还理直气壮地大骂：'是谁把茶杯乱摆在这里的？'摆杯子的人也不甘示弱地反驳：'是我摆的，你为何不小心把它打破了？'彼此间不肯认错，不肯退让，僵持不下当然会吵架了。可是我们家，如果谁不小心打破茶杯，就会抱歉地说：'对不起，是我疏忽打破了杯子。'而放茶杯的人听到也会回答：'这不全怪你，是我不应该将茶杯放在那儿。'像这样坦白承认自己的过失，互相礼让，怎么会吵架呢？"

社会学专家点了点头。

东家人真是智人智语。不是吗？与人交往时常抱以"对不起，我错了"的心态，把自己的姿态放低，学会谦卑，以坦诚来修炼自己的心性，扩大自己的度量就能化解许多误会。

"对不起"这三个字看来简单，可是它的效用，不是别的字所能比拟。这三个字，它能使强顽者低头，也能使怒气消减。可是有多少人知道它的效用，而充分利用它呢？多少仇怨、多少嫌隙，不是纯由某一方不会使用这三个字而起吗？

凡物不平则鸣，世间原无不可解决的事。你在公共汽车上误踩了别人的脚，你说声"对不起"，被踩者自然不计较什么了。人的心理原是这样，对于许多事情皆可原谅。若因为你的过失，使别人吃亏，而你还不承认自己的不是，好像他的吃亏是咎由自取似的，这就不能使他原谅你了。

客气和谦虚是获得友谊的唯一方法，事事要占上风，到处惹是生非，则其受人齿冷，就不奇怪了。在公共汽车上踩了别人一脚，自己不承认错误，却还埋怨旁人，如此处世，如何能使别人心服？

消除恶感，避免伤害对方的感情，最聪明的方法是自己谦逊一点。自己有过失的时候立刻道歉，别人会给你同情。

反之，不承认过错，就难怪对方生气，许多小口角变成打架，或因一两句话就酿成命案的，皆由此而起。倘若我们大家都常常不忘这三个字的巧妙，我们的生活将会增加了多少愉快和祥和呢！

"对不起，害你等了许多时候。" "对不起，你可以替我把茶杯递过来吗？"在日常的谈话中，这三个字真是用途太多了。因为它能表示客气和礼貌，能使别人对你更为宽容了解。

"对不起"三字，意思无非是让别人占上风，既然他占上风了，他还有什么更大的要求呢？息事宁人，莫善于此。要使家庭不失和，朋友不交恶，这三字真是百效的灵药。古人教人要"夫妻相敬如宾"，对人要"恭敬谦和"，也无非叫你多说几声"对不起"罢了。

下次你要经过别人座位时，请先说声"对不起"，那么让路的人一定不会把眉梢皱起。如果你招待你的顾客时多说两声"对不起",那交易也十有八九会成功的。

 **好好说话**

有人认为,承认错误是令人难堪的,也不是一件轻而易举的事。但是,如果你能正视现实,克服这种羞于认错的心理,勇敢地去做了,你就会感到无比轻松。因为以后的事实证明你确实改正了,别人不但不会歧视你,而且还会赞扬你。孔子说:"人非圣贤,孰能无过,有过能改,善莫大焉。"

说赞美的话,人人都爱听

赞美的话人人爱听,但赞美并非越多越好,越夸张越好。相反,如果赞美过于脱离实际情况,就会有矫揉造作、虚情假意之嫌,让人顿生反感。因此,赞美也不可信口开河,把握好度非常重要。

当一个人用生命去说话。这种境界的人很少说，也不需要说什么。你只在他身边停留片刻，他什么也没有说，一点声音也没有发出来。可是在你今后的日子里你会一点一点地发现其实他说了很多。其实他离以理服人并不远，只是前者是搭售强卖，而后者是免费赠送，并且当你拿到了东西还不知道。等你知道自己受益了，想去感谢他的时候，他只已经飘然远去。甚至他都不是刻意的要给你什么，甚至也不知道自己给了你什么，所以说你大可以把这一切都当作是你自己的感悟所得。这就像是部好的电影，每个人看完都会有不同的感悟与心得，但电影里却没有把这些感悟与做人的道理强加给你。

说话的最高境界就是"天人合一"，真正的大师应该是从深层的心灵的角度与你交流，是一种情感的沟通，这时的语言可能是最普通、最不起眼的，却也是最朴实、最能打动人的，正所谓真水无香，真爱无痕。这像是一种返璞归真的境界，或许他的语言，明明说起来一点都不花哨，却能直直的渗入人的心坎里，能够恰如其分地表达，而没有多余的赘述。他们阅历丰富，且极有涵养、极有悟性，能够推己及人，他们的话是出于自身的一种积累、一种提升，能让周围的人都听得进去并且无比信服。简而言之，说什么话别人都愿意听。

一位杂志社的编辑说服作家很有一套。不论那些人如何繁忙，他也有办法使他们答应为他撰稿。本来，他的口才并非一流，但奇怪的是，那些作家都无法拒绝他的要求。

"当然我知道你很忙，就是因为你很忙，我才无论如何得请你帮忙，那些空闲的作家写的作品，无法与你相比。"

据他说，这种说法未曾失误过，一般论来，当对方已有很充分的理由拒绝，想让他接受你的请求是十分困难的。如果你事先也知道他们会用这些理由来拒绝你，你反而裹足不前的话，则更增强了他对抗的意念，于是双方的气氛则更紧张，此时也别谈什么说服了。但若能运用前述那位编辑的一套方法，先给对方来顶高帽赞美一番，使对方无法拒绝。

像这种心理技巧的运用，最适合化妆品的促销。一位售货员如若要劝说一位顾客买某种化妆品，心理上应早有被对方拒绝的准备。有些顾客可能会推说"你的这些东西我已经有了，现在暂时不需要"，以此来委婉地拒绝你，此时你要是处理不好的话，可能会惹怒对方，这时你可以这样说："你说得很对，况且你的皮肤一看就知道不用化妆品也好看！"听到这句话，相信没有一个女人会无动于衷。接着，你再说："但是，为了防止日晒……"不等说完，对方的荷包已开启了一半。

台湾有家人才派遣公司曾遇到令其头痛的事情。原来，公司派遣的一位女性到顾客的公司任职，却总是无法按时下班。依照规定，这些被派遣的女职员乃是按时计酬，她们有固定的上下班时间，但该顾客公司总以各种借口，让这些女职员无条件为其加班。

这些按时计酬的女职员，怎么会轻易地免费为人加班呢？经过调查，发现该公司的负责主管是个相当厉害的角色。他善于褒奖女职员，使她们不知不觉地任其使用。这位主管首先对她们当日的工作表现称赞一番，然后说："由于超出预算，无法付太多的酬劳，能否再给予一些帮忙？"这些女职员因为受到恭维，个个心花怒放，认为只要时间不长，倒是可以接受其要求。

有位年轻导演，在重拍镜头时，一定会先称赞所有的工作人员："嗯，好极了，现在我们来个稍微夸张的演出。"经他这么一说，没有人会表示抗议，自然地就接受导演的指示。因此，以温言轻语来褒奖他人，会让对方产生接纳的态度。这位年轻导演，即是采用这套说服术达到演技效果。

当面给人赞美，有时为了取悦于人，在言辞上不免会带点夸张，但话里头要有点实在的东西，这样别人听来才觉得顺耳，这与毫无分寸、令人肉麻的阿谀奉承、吹牛拍马是有所不同的。

🎤 好好说话

马克·吐温曾说过："只要一句赞美的话，我就可以充实地活上两个月。"

喜欢听好话、受赞美是人的天性之一。每个人都会对来自社会或他人的得当赞美欣喜。而当我们听到别人对自己的赞赏，感到愉悦和鼓舞时，不免会对说话者产生亲切感，从而使彼此之间的心理距离缩短、靠近。人与人之间的融洽关系就是从这里开始的。

说客气话，不必过分客套

假若你到一个朋友家里，你的朋友对你异常客气，你每说一句话，他只有"嗯、嗯"而答，每当和你说话时，总是满口客套，唯恐你不高兴，唯恐开罪于你。如此一来，你一定觉得如芒刺在背，坐立不安。这情形你大概经验不少，同时你就得想想，你如此对待过你的客人吗？虽然是客气，但这客气显然是给人痛苦的。

开始会面时的几句客气话倒不成问题，若继续说个不停就太不妥当了。谈话的目的在于沟通双方的情感，增加双方的兴趣。而客气话，则恰恰是横阻在双方中间的墙，如果不把这堵墙搬走，人们只能隔着墙，做极简单的敷衍酬答而已。

大概朋友初次会面，略谈客套后，第二、第三次的见面就应竭力少用。那些"阁下""府上"等名词，如果一直用下去而不在相当时间以后废去，则真挚的友谊无法建立。

客气话是表示你的恭敬或感激，不是用来敷衍朋友的，所以要适可而止，多用就流于迂腐，流于浮华，流于虚伪。有人替你做一点小小的事情，譬如说倒一杯茶吧，你说"谢谢"，也就够了。要是在特殊的情形下，那么最多说"对不起，这事情要麻烦你"也就很够了。但是有些人却要说"呵，谢谢你，真对不起，我不该拿这些小事情麻烦你，真使我觉得难过，实在太感激了……"等一大串，你在旁边看见也会觉得不舒服的,可是你自己也有这样的毛病吗?

说客气话的时候要充满真诚。像背熟了的成语似的流水般泻出来的客气话,最易使人讨厌。说时态度更要温雅,不可显出急促紧张的状态。还有,说时要保持体态的均衡,过度的打躬作揖,摇头摆身作态来帮助你说客气话的表情,并不是一个"雅观"的动作。

如果你平时对朋友说话太客气的话,以后要对他坦率一点,你一定可以享受到友谊之乐。对平时你从来不会表示客气的人们稍微说话客气一点,如你的孩子、商店的伙计、出租车司机等,你一定会收到意外的好处。

过分的客气话,在一个朋友家中,这是窘迫主人的最好的利器,而当你是主人的时候,那又是最好的最高明的逐客方法。这方法的奏效,更胜于把他大骂一顿,如果你怕朋友到家里干扰你,拼命跟他说客气话好了,临走勿忘请他有空再来,你知道他绝不会再来的。

前面说明太多的客气话使人不愉快。现在,来讨论说客气话应该注意哪些事情:

缺乏真诚的刻板的客气话,必不能引起听者的好感。"久仰大名,如雷贯耳。""贵号生意一定发达兴隆。""小弟才疏学浅，一切请阁下多多指教。"……这些缺乏感情的，完全是公式化的恭维语，若从谈话的艺术观点看来，是非加以改正不可的。

好好说话

说话要言之有物，这是说一切话必备的条件。与其泛说"久仰大名，如雷贯耳"，不如说"您上次主持的冬季救灾义演晚会成绩之佳，真是出人意料"等话，直接提及他的著名工作。

展示热情，打动身边的每个人

说话的技巧性、艺术性很强，说话人不同的态度、语气等会带来不同的反响。如果以一种淡然和冷漠的语气和人说话，容易让人产生厌恶和排斥的心理，反之若以一种热情饱满的语气和人交谈，则能打动人心。因此，说话时一定要展示出自己的热情来，使之感染和打动每一个和你接触的人。

有位女大学生说她是通过热情赢得工作的。她从秘书学校毕业出来，想找一份医药秘书的工作，由于她缺少这方面的工作经验，面试了好几次都没有成功，她就开始运用热情原则。

在她去面试的途中，她给自己打气说："我要得到这个工作。"她说，"我懂这个工作。我是一个勤快而自律的人，我能够做好这个工作。医生将会视我为不可缺少的人。"在到办公室途中，她一再对自己重复这些话，她充满信心地走进办公室，并且热忱地回答医生的问题，医生也就雇用了她。几个月以后医生告诉她，当他看到她的申请上列着没有任何经验的时候，他决定不用她，只是给她一次礼貌的谈话而已，但是她的热情使他觉得应该试用她看看。她把热情带进了工作，从而成为一名很好的医药秘书。

以一种洋溢着热情的语言向对方诉说，对方就很难萌生出反对你的想法，即使反对也会婉言拒绝，不至于使你感到十分难堪。因为"热情"是具有传导力量的东西，可以驱散任何否定以及反对你的想法。所以在交谈中，必须热情饱满。否则，你的谈话就不能打动人心。

如果你想扣紧听众的心弦，与其在思想方面下功夫，倒不如在感情方面下功夫。比起呆板冷漠的观念来，感情具有更大的力量。但是在感情方面下功夫，不管你用尽了多少美丽的词藻，收集了多少实例，声音如何抑扬顿挫，手势如何优雅，如果不是真心而又热情地说出来的话，仍然无法感动对方。

要想让你的语言感动对方，首先要使自身受感动，然后透过眼睛、声音以及热诚传导给对方。

你说话时的态度决定了听者的态度。如果你马马虎虎，听众就会心不在焉；如果你傲气十足，听众就会群起攻之。

有位著名作家曾说："当听众开始打盹时，只有一个办法可行，那就是叫护卫拿木棒去敲人的头——但不是听众的头，而是台上死气沉沉而又十分冷漠的演说者的头。"

有一年，在美国的一次全美大专院校演讲比赛时，最后有6名学生进入决赛。

参加讲演比赛之前，这6名学生都经过了充分地准备和练习。不过除了其中一名学生以外，其他的学生并没有想到自己演讲的语言和内容要扣紧听众的心弦。他们在选择话题时，只是考虑是否适合发挥他们演说的技巧，对于自己所要表达阐述的内容是否具有热忱与诚意根本就没有兴趣。

只有祖鲁族的王子例外。那位王子的演讲以非洲对现代文明的贡献为主题,王子对于每一词、每一言都注入了深厚而真挚的感情,不是把它当成"演讲",而是以充满自信与热情的语调诉说自己同胞以及自己故乡的一切。他凭着智慧、人格以及善意,十分完整地表达出了自己同胞的希望,并期望大家对非洲及其民族的误解能就此消除。

就演说的技巧而言,比祖鲁族王子更好的另有他人,不过评委们最后还是决定把奖状颁给了他。因为,评委发现他的演说充满了真实与诚意,相比之下,其他人的演讲,就像在说一些不相干的事情一般,空洞无物,感染力很差,无法唤起在场听众的共鸣。这件事就足以说明,在交谈演讲中,没有什么比热情更有力量。

好好说话

麦克阿瑟在南太平洋指挥盟军的时候,办公室墙上挂着一块牌子,上面写着这样一段座右铭:你有信仰就年轻,疑惑就年老;你有自信就年轻,畏惧就年老;你有希望就年轻,绝望就年老;岁月使你衰老,但是失去了热情,就损伤了灵魂。这是对热情最好的赞词。培养发挥热情的特性，我们就可以对我们所做的每件事情加上了火花和趣味。

沉默是金，多看多听少开口

在我们身边，经常会有这样的人，他们喜欢多说话，总是喜欢显示自己怎么样怎么样，好像他博古通今似的。这样的人，以为别人会很服他们，其实，只要有点社会阅历的人，都会不以为然。

更聪明的人，或者说智慧的人，往往会根据自己的经验，知道自己要是多说，必然会说得多错得也就多，所以不到需要时，总是少说或者不说。当然，到了说比不说更有效时，我们一定要说。

有一则幽默说：

某人参加会议，一言不发，事后，一位评论家对他说："如果你蠢，你做得很聪明；如果你聪明，你做得很蠢。"这个评论似乎很机智、很有见地：蠢人因沉默而未暴露其蠢，所以聪明；聪明人因沉默而未表现其聪明，所以蠢。仔细琢磨，发现不然。聪明人必须表现自己的聪明吗？他必须把自己的才智暴露于众人之前，就像暴发户披金挂银唯恐别人不知道他是暴发户吗？没有这个必要。

有内涵的人绝不会像暴发户炫耀自己的财产一样轻易显耀自己的聪明，在没有必要的情况下，他们宁可一言不发。结果，他们在沉默中获得了更大的价值。

沉默是天才的标志。一个爱唠叨的理发师给马其顿王理发，问他喜欢什么发型，马其顿王答道："沉默型。"这是一个很有意思的故事，大约天才皆喜缄默。当然，沉默寡言未必是智慧的征兆，世上有的是故作深沉者或天性木讷者。但是，有一点可以肯定：夸夸其谈者必无智慧。

当有人想摸透你的心思，冒犯你以图控制你，或设置圈套，使最精明的人也泄露秘密，你沉淀深藏的东西便受到威胁。要做之事莫讲出，说出的话必照做。

对一个想在社会上有所作为的人来说，最重要的处世经验是：多看多听少开口。那么，多看，看什么呢？多听，听什么呢？看一切与自己有关的人和事。

假如你想在某个领域有所成就，就得把自己的精力全部融入其中,弄清各种人和事的现存状态与变化规律,久之,你看待事物的眼光就变得跟局外人大不一样了,达到"神知神觉"的境界,这样你就有了一双慧眼,能随时发现有利于事业成长的机会。

比如,你想做一个作家,那么,你看见每一个人、每一件事,都不妨构思一番,如何把他们写到作品里去。这样,你就有了绵绵不绝的灵感。与此同时,你的社交圈也围绕着文化人拓展,以了解文坛的最新动向,免得别人已经将作品写出来了,你还去花一年半载写一个过时的东西。这样可确保你的作品始终有新意。

假如你想做个生意人,方法也是一样的,思考每个人、每件事跟自己的生意有什么关系,并以生意人作为主要交往对象。久之,你的智慧将是"金光闪闪",你将发现赚钱的机会无处不在。

当然,一开始你很难看懂周围的人和事,也看不见有什么很好的机会。但是,没有关系,多看的目的是培养主动意识,使大脑进入激活状态,这样感觉会敏锐得多,对机会的嗅觉一定远胜常人,迟早必成为人群中的领跑者。

听别人的经验之谈、老于世故的人说:"一天学一个乖。"向谁学乖？当然要向那些过来人学乖。一个人的经历有限，即使时刻留意，见识也有限。如果有一双谦逊的耳朵，愿意听听别人的见解，那么，你就能将别人的见识变成自己的见识。

不论他人地位高下、知识深浅，他的专业经验，总有一部分足供你去学习。向甲学一点，向乙学一点，把片段零星的东西，组织起来，连贯起来，就能形成一套独特的"武功秘笈"，并助你打下一片属于你自己的天地。

为什么少开口呢？有两个理由：第一个理由是，当你急于开口时，就没有心情去多看多听了。第二个理由是，一个人说得越多，他的浅薄无知就暴露得越多，他就很难得到别人的信任和重视了。一个说话随便的人，一定没有责任心。在人群中，一个特别爱说话的人，最不可能受到重用，很难有什么出息。

特别爱说话的人为什么最不可能受重用呢？

其一，一个人特别爱说话，说明他自控能力不强、易冲动，经常因情绪伤害理智。试想，连自己的嘴巴都管不住，又能管好什么事？

其二，一个人整天叽叽喳喳的，总得有内容。他的生活经历有限，不知道那么多趣闻逸事，也没工夫读书，不可能天天给你讲世界名著。说来说去，无非东家长西家短，拿别人的隐私、缺点当作料，煲成一锅大杂烩。对这样的人，谁敢跟他交心交底呢？

其三，无论是谁，若想被人冠上"可爱""可敬""可信""可亲"之类的字眼，一定要善于伪装，或者说"包装"——将缺点隐去，将优点突显出来。漂亮时装能包装外部形象，真知灼见能包装内在思想。可是，一个爱说话的人，有什么说什么，久之必然将自己的优点、缺点全部暴露于人前，赤条条无遮无掩。除非他"天生丽质"，毫无瑕疵，否则很难被欣赏。

其四，一个特别爱说话的人，总是不假思索地对任何事发表见解，好的意见与错误观点混杂，泥沙俱下，让人难取难舍，只好当废话听。久之，人们必然认为这个人没有见识，只会乱说一通。平时是没人重视他的，想散布流言蜚语时，才会借用一下他那张关不住的嘴巴。这种人很容易被不怀好意的人利用，社会上的小道消息，主要是靠他们传播开来的。

总之，话多不如话少，话少不如话好，多言不如多知，即使千言万语，也不及一件事实留下的印象深刻。多言是虚浮的象征，因为口头慷慨的人，行动一定吝啬。凡有道德者，不可多言；有信义者，必不多言；有才谋者，不必多言。我们绝对要少说话，尤其是有经验丰富的陌生人在座时。因为如果说多了，便是同时透露了自己的弱点及愚蠢并失去了一个获得智慧及经验的机会。

好好说话

有人说：沉默是金。沉默本身不是金，只是一个炼金的过程，将各种情况进行综合分析，得出一个相对合理的结论后，才谨慎发言，这样，他给人捧出来的总是金子，自然会被人认为是一个极有价值的人，因而受到重视和信任。

有一说一，承诺了就努力做到

"君子一言，驷马难追"讲的是说话办事的信用。说话守信或不守信，都是一种习惯。要纠正一种坏习惯比较难，要放弃一种好习惯却很容易，只需一次又一次迁就自己，好习惯就变成了坏习惯。就像抽烟上瘾一样，当你想坚持一种好习惯时，重要的不是别人能不能原谅你，而是你能不能原谅自己。真正聪明的人都知道信守承诺的重要性，他们不会轻易为自己办不到的事情夸下海口。

宁做过头事，莫说过头话，这是一句千古不变的经验之谈。做了"过头事"，哪怕让人不高兴，反正已是生米煮成熟饭，结果无法更改，别人在心里难受一阵，事情也就过去了。

说了"过头话"，由于事情未定，别人只能猜测，或期许、或企盼、或担心、或嫉妒……别人用心越多，事情的变数就越大。

当你承诺一件事情时，在综合考虑自身能力和其他因素后，尚需留有一定余地，使你最终达成的结果不低于你承诺的。也就是说，可以给人一个意外的惊喜，但是不要让人希望越大失望越大。在现代企业里，大多数年轻人都喜欢给自己定很高的目标，想让别人肯定自己的能力，这都是可以理解的。但是在向别人许诺之前一定要考虑自己有没有实现的能力，如果没有，那么还是不要轻易许下诺言的好。

一家公司招聘业务经理，一位年轻人来应聘，他说：

"我干这一行已经有五年时间了，积累了大量的工作经验，并且最擅长做终端业务，如果授予我相应的自主权，那么我敢保证，一年做成100万业务绝不成问题。"总经理庆幸喜得人才，任命他为地区经理。谁知他的业务开展得不够理想，一年仅完成50万业务。总经理大失所望，撤销了他的经理职务。

第二年，又有一位年轻人前来应聘，说："我有两年的工作经验，虽然不算很资深，但是如果给我一次机会的话，那么我愿意竭诚为公司服务。"经理见他踏踏实实也很喜欢，就先让他干了一年。这一年，他干得果然卖力，一年完成了50万业务。总经理对他大加赞赏，并提升他为地区经理。

同样是50万业务，却一个降职一个升职，受到的待遇如此不同。这是期望值不同造成的结果啊！拔高自己的时候要根据实际情况，如果一味地说自己多么能干而到头来没有实现自己曾经夸下的海口，那么结果只会让人把你看低。

一个商人临死前告诫自己的儿子："你要想在生意上成功，一定要记住两点：守信和聪明。"

"那么什么叫守信呢？"儿子焦急地问。

"如果你与别人签订了一份合同，而签字之后你才发现你将因为这份合同而倾家荡产，那么你也得照约履行。"

"那么什么叫聪明呢？"

"不要签订这份合同。"

谨慎对待你的诺言——既然许下诺言，无论刀山火海都不能反悔——你不能言而无信。不要轻易向人承诺——决不轻易向人许诺你可能办不到的事——这是不失信于人的最好方法。

将守信理解为一种品德，较难坚持。将它理解为一种回报率很高的长期投资，则比较容易变成一种自觉的行动。当你获得了一个守信用的形象时，会获得越来越多人的信任，因而带来越来越多的机会。这就好似拥有了一座金矿。反之，缺此一条，别的方面再优秀，也难成大器。

要获得守信的形象并不容易。最要紧的一条是：别答应你无法兑现的事。

轻诺必寡信。这不仅是一个主观上愿不愿意守信的问题，也是一个有无能力兑现的问题。一个人经常答应自己无力完成的事，当然会使别人一次又一次失望。

有一个年轻人在银行工作。他过去的老师想开一家公司，却缺少资金，便去问他能不能帮忙贷款。他想："这是老师第一次找自己帮忙，怎么能拒绝呢？"当即一口答应。可是，他毕竟刚参加工作不久，还没取得说话的资历，老师的贷款请求又不完全合乎规章，所以，当老师租好门面，请好员工，等着资金开业时，他这里却拿不出钱来，搞得很被动。

老师大怒，责备他说："你这不是捉弄我吗？你即使不想帮我，也不该害我！"

他能说什么呢？只好苦笑而已。

有些人是不好意思拒绝别人而向他人承诺，而有些人则喜欢胡乱吹嘘自己的能力，随随便便向别人夸下海口，承诺自己根本办不到的事情。结果不但事情没有办成，自己的人缘也搞臭了。

某厂职工小方，经常向同事炫耀自己在市房管所有熟人，能办房产证，而且花钱少、办事快。开始人们还信以为真，有些急于办理房产证的同事便交钱相托，但时过多日，不见回音，问到小方，他说："近来人家事儿太多，再等等。"拖得时间长了，同事们对他的办事能力产生怀疑，便向他要钱，他找理由说："谋事在人，成事在天。懂不懂？你的事儿虽然没办成，可我该跑的跑了，该请的请了，你不能让我为你掏腰包吧？"言下之意，钱没了。

从此以后，小方的话再也没人信了，以至于人们在闲暇聊天时，只要小方往人群里一站，大伙好像有一种默契似的，始而缄默不语,继而纷纷散去。

在谈话中,我们一般崇尚"一言九鼎""落地砸坑""张嘴就能见到肠子"的直爽性格,而不喜欢转弯抹角的弯弯绕,更讨厌貌似有口无心、直言快语,实则机关算尽、言而无信的滑头。

谈话中的每一个观点都是对一个人品质的检阅,每一项承诺都是对其人格的担保,言而有信才能取悦于人。可见,说话算数,也是谈话中展现人格魅力不可或缺的要素之一。

好好说话

诚信的力量是巨大的:它可以帮助你在未来社会立足、立业。它可以帮助你建立起自己的个人信用,为进一步利用社会资源完成工作目标、实现人生价值奠定良好的基础。它可以帮助你扩大自己的社交半径,在更大范围内和更深程度上构建人际关系网,从而能更好地为公司服务、为工作服务。它可以帮助你打造个人的信誉品牌,使你在日益激烈的社会竞争中把握机遇、发挥优势、追求卓越。

凡事有度，开玩笑掌握好分寸

会开玩笑的人，能让人在欢笑中记住他的风采，并对他产生亲近感。在出现意见分歧的时候，开玩笑或许就可成为紧张局面的缓冲剂，使同事之间消除敌意，化干戈为玉帛。玩笑有时还可以用来委婉地拒绝同事的要求或进行善意的批评等等。

熟人之间相处，免不了开开玩笑，这样可以融洽关系，活跃气氛，增强团结。但是，凡事都要有个分寸，开玩笑也要适"度"。如果过了度，做出有失礼仪的事，则其效果肯定也将适得其反。

一天，三四个同事在办公室聊天，其中有一位张小姐提起她昨天配了一副眼镜，于是拿出来让大家看看她戴眼镜好看不好看。大家不愿扫她的兴都说不错。这件事使老吴想起一个笑话，他就立刻说出来：有一个老小姐走进皮鞋店，试穿了好几双鞋子，当鞋店老板蹲下来替她量脚的尺寸时，这位老小姐——我们要知道她是近视眼——看到店老板光秃的头，以为是她自己的膝盖露出来了，连忙用裙子将它盖住，立刻她听到一声闷叫声："混蛋！"店老板叫道，"保险丝又断了！"

接着是一片笑声，谁料事后竟从未见到张小姐戴过眼镜，而且碰到老吴也不再和他打一声招呼。

张小姐不和老吴打招呼的原因很清楚。说者无心，听者有意。在老吴来想，他只联想起一则近视眼的笑话。然而，张小姐则可能这样想："你取笑我戴眼镜不打紧，还影射我是个老小姐。我老吗？上个月我才26岁！"所以，玩笑话要先看看对哪些人说，先想想会不会引起别人的误会。像老吴的一句笑话严重地伤了张小姐的自尊，却是始料不及的。

开玩笑的"度"如何掌握呢？简单些说，要因时、因人、因内容和因场合而定。

1.开玩笑要看时间

当别人在生活中遇到不幸和烦恼时，情绪比较低沉，常常需要的是安慰和帮助，如果这时去打趣逗笑，便不合时宜了，弄不好，人家还以为你是幸灾乐祸。即使是同一个人，在不同的时间里也会有不同的情绪。例如：工作不顺利，遭到领导批评，家庭发生矛盾，等等，情绪都可能会出现低落。这时，就不适宜去开玩笑。

2.开玩笑要看对象

人的性格各不相同。有的人活泼开朗，有的人沉默寡言，有的人豁达大度，有的人则小心多疑，对不同个性的人，要做到因人而异。同样的玩笑，对有的人可以开，对其他的人就不能开；对男性可以开，对女性就不能开；对青年人可以开，对老年人就不一定能开。如果不注意各人的特点和承受能力，就会伤害别人的自尊心，影响人与人之间的感情。本来是一次比较愉快的聚会，结果也可能弄得不欢而散。

3.开玩笑要讲究内容健康

拿别人的生理缺陷开玩笑，这是故意揭别人的"疮疤"，把自己的快乐建立在别人痛苦的基础之上；津津乐道男女之间的隐私，绘声绘色地传播庸俗、无聊甚至下流的情节，这是在寻求感官的刺激；捕风捉影，以假乱真，把小道消息作为茶余饭后的笑料，这是不负责任的低级趣味。凡此种种，都是属于格调不高、内容不太健康的玩笑。开玩笑的内容一定要清新健康、风趣幽默、情调高雅，所开的玩笑要带有思想性、知识性和趣味性，使大家在开玩笑中学到知识，受到教育，得到陶冶。

4.开玩笑要看场合

当别人在专心致志地学习和工作时，不应去开玩笑，以免分散其注意力，影响别人的学习和工作。在一些比较严肃、紧张甚至是悲哀的场合和气氛之中，例如参加庄重的集会或重大的活动，包括平时参加各种会议时，也都不能嬉笑打闹，以免冲淡现场的气氛。在公共场合和大庭广众之前，也应尽量不要打趣逗笑，因为人多嘴杂，容易引起某些不必要的误会。

 **好好说话**

玩笑的目的在于"玩"，千万不要把玩笑开得过火。如果玩笑话让人觉得受嘲弄，被"涮"了，那就过了，弄不好还会产生矛盾，造成损失。

第三章

修炼6种境界，开口就受到欢迎

开口乐人，加点幽默的调料

幽默的谈吐能使紧张的气氛顿时显得轻松活泼，能让人感到说话人的温厚和善意，使其观点容易被人接受。林语堂先生说："幽默是一种人生态度。"

幽默的话语无处不在，它已成为一种健康的文化和艺术，是人际交往的调节剂。幽默是一个人智慧的外现。在不愉快的气氛笼罩下，幽默的言语可以显露一个人的机智、聪敏。

有人说，幽默是人生活中的调味品。有人干脆说，幽默就是生活中的盐，有了它，生活本身有时也会变得趣味横生，具有神奇的魅力。

幽默可以使愁眉苦脸者笑逐颜开，也可以使泪水盈眶者破涕为笑；可以为懒惰者带来活力，也可以为勤奋者驱散疲惫；可以为孤僻者增添情趣，也可以使欢乐者更愉悦。

生活中没有一个人不喜欢风趣幽默的语言。在中国的传统文艺晚会上，相声小品之所以一直成为最受欢迎的节目之一，就在于它的表现形式离不开幽默，那幽默的语言强烈地感染着观众的心，幽默的话能抓住听者的心，使对方平心静气，也可以使一些深刻的思想表达得更加生动和形象。

汉武帝晚年很希望自己能长生不老。一天他与一个侍臣闲聊："相书上说，一个人鼻子下面的'人中'越长，寿命就越长；'人中'长一寸，能活一百岁。不知是真是假？"

东方朔听了这话，知道皇上又在做长生不老之梦，脸上露出一丝讥讽的笑意。皇上见东方朔似有讥讽之意，喝道："你居然敢笑话我？"

东方朔毕恭毕敬地回答："我怎么敢笑话皇上呢？我是在笑彭祖的脸太难看了。"

汉武帝问："你为什么笑彭祖呢？"

东方朔说："据说彭祖活了八百岁，如果真像皇上所说，'人中'长一寸就活一百岁，彭祖的'人中'就该有八寸长了，那么，他的脸岂不是太难看了吗？"

汉武帝听了，不禁哈哈大笑起来。

东方朔以幽默的语言，用笑彭祖的办法来设劝皇帝。整个批驳机智含蓄，风趣诙谐，令怒不可遏的皇帝转怒为喜，并且愉快地认输。

这个小故事形象地说明了幽默的本质。由此，我们可以看出幽默具有一种特性，一种引发喜悦、以愉快的方式娱人的特性；幽默感是一种能力，一种了解并表达幽默的能力；幽默是一种艺术，一种运用幽默和幽默感来增进你与他人的关系，并可对自己做真诚的评价的一种艺术。

有一次，美国329家大公司的行政主管人员，参加了一项幽默意见调查。结果表明：97%的企业主管相信，幽默在企业界具有相当的价值；60%的企业主管相信，幽默感决定着人的事业成功的程度。由此可见，幽默对于现代人的重要。

现代人需要幽默语言，如同鱼之于水、树木之于阳光，生活之于盐一样。具有幽默感和幽默力量，是现代人应具备的素质之一。

获取幽默语言的途径很多。首先用"趣味思维方式"捕捉生活中的喜剧因素。"趣味思维"是一种"错位思维"，不按照普通人的思路想，而是"岔"到有趣的一面去。其次要在瞬息构思上下功夫，掌握必要技巧。幽默风趣是一种"快语艺术"，它突破惯性思维，遵循反常原则，想得快，说得快，触景即发，涉事成趣，出人意料，又在情理之中。

如有位将军问一位战士："马克思是哪国人？"战士想了

一会儿说:"法国人。"将军说:"哦,马克思搬家了。"对于这常识性问题都答不出,将军当然不快,但这一"岔",构成了幽默,其实也包含了对战士的批评教育。

再次要注意灵活运用修辞手法。极度的夸张、反常的妙喻、顺拈的借代、含蓄的反语,以及对比、拟人、移就、拈连、对偶等都能构成幽默。

最后要注意搜集素材。我们的生活丰富多彩,提供了许多有趣的素材,这些素材无意识地进入我们记忆仓库的也很多,我们如果做个"有心人",就会使自己的语言材料丰富起来。

好好说话

幽默是人的能力、意志、个性、兴趣的综合体现,它是社交的调料。有了幽默,社交可以让人觉得醇香扑鼻,隽永甜美。它是引力强大的磁石,有了幽默的社交,便会把一颗颗散乱的心吸入它的磁场,让别人脸上绽开欢乐的笑容。它是智慧的火花,是智慧者灵感勃发的光辉;它是高级的逗笑品,幽默不一定会使你捧腹大笑,却能引起莞尔微笑。

开口容人，忍受缺点和过失

对于我们自身的小过失，理当严格要求，这是关于修身的问题，不可轻忽。但是对于别人的小过失，我们却该予以宽容，切不可多加谴责，而伤了别人的自尊，影响彼此的和气。对于他人的秘密或难言之隐，我们知道了，更当视同自己的秘密，千万不可当众表露甚至四处宣扬，所谓"君子扬善不扬恶"就是这个道理。若是将别人的隐私表露并宣扬，则将造成彼此间的嫌隙，这是相当不值得的，而且也损及私德。至于别人与你有过嫌隙、过节，更当予以宽恕，不可时时谨记。

一位婆婆对刚娶进门的媳妇甚为不满，媳妇的一点小差错都会引起婆婆的勃然大怒。她一会儿抱怨媳妇厨艺不够精湛，连葱、蒜、韭菜都分不清；一会儿又抱怨媳妇根本无心打理家务，而且常常加班到半夜才回家，也不晓得是不是真的加班，还是在外面鬼混。她甚至连儿子感冒发烧也算到媳妇头上去，抱怨连丈夫的身体都照顾不好，还怎么做人家老婆？

直到有一天，一个老朋友来到家里做客，婆婆哪壶不开提哪壶，又开始埋怨媳妇的不是，指着阳台上的衣服说："我真不知道她妈妈是怎么教她的，连洗个衣服都洗不干净，你看看，衣服上斑斑点点的，她洗了老半天还是那个样子，真是浪费那些洗衣服的水！"

这位朋友听了婆婆的话之后，向阳台仔细地瞧了一下，这才发现了问题的症结所在。

他用抹布把窗户擦了擦，然后拉着婆婆再朝阳台望去，婆婆大吃一惊，那些晾在阳台上的衣服居然一下子就变干净了，婆婆这才明白，原来不是媳妇的衣服洗不干净，而是家里的窗户脏了。从此，她不再带着有色眼光看待媳妇，婆媳两人相处得越来越好，简直跟一对亲母女，不，是跟一对亲姊妹没什么两样呢！

很多时候，只要稍微退一步，你就可以看得更清楚。太仔细观察别人的错误，反而会察觉不到自己本身的缺失，容人是一种雅量，偶尔擦拭自己的心窗，不为灰尘所蒙蔽，窗明几净，才能眺望得更高更远。

甲商人与乙商人一同结伴做生意，他们来到一个非洲的土著国家。这个地方的人既不穿衣服，也不常洗澡，身上恶臭难闻，尤其是他们对所有的动物皆生吞活食，在外地人眼中感到特别血腥暴力。

甲商人见到了这派景象，皱着眉头说："这些人还称得上是人吗？简直比畜生还不如，我们还是别和这种人打交道了吧！"

乙商人却不以为然地说："我们商人本来就是要和不同的人做生意，这个地方虽然不是很文明，但是，我看他们民风相当淳朴，自己有自己的一套生活习惯，说不定反而觉得我们这些人穿的衣服是累赘，不敢杀生是懦弱呢！"

于是，乙商人诚意十足地和他们做生意，每天和他们一起吃饭喝酒、唱歌跳舞，土著们对乙商人带来的刀子、镜子、手电筒等都十分好奇，他的货物一下子就被抢购一空了。而甲商人不只不愿意接近那些土著，还时常以睥睨的眼神注视他们，终于引起了土著们的反感。

于是，土著们趁着一个月黑风高的夜晚，把甲商人所睡的帐蓬，偷偷搬到荒郊野外，等甲商人醒来，好不容易一步一步走到有人烟的地方时，他的两只脚板已经满是伤痕了。

每个人都有缺点，也都会有让人看不顺眼的地方，天底下没有十全十美的人，既然我们可以容忍自己的缺点，那为什么不能以同样的态度，来面对其他人不完美的地方呢？

 **好好说话**

四海之内皆兄弟,仇恨、冷漠、纷争、僵局都是自己所造成的,只有当你放下骄傲的自我,才能更接近广大的世界。

开口暖人,对别人表示关心

协助别人去满足他的需要。希望自己被人人关心注意,是人类最大的需要。我们自婴儿时期起就发现了一个事实:我们的需要(如吃奶、除去潮湿的尿布等)都是在有人注意的情况下获得满足的。因为"有人注意"就形成了"将获得满足"的符号,于是小孩子只要看见母亲或是听到母亲的声音便停止啼哭,因为他已获得了安全感。空虚印象一直保留下来,使每个人都切望别人的关心。当我们知道四周的人对自己十分关心时,就感到安全了。

我们自己渴望别人关心,应当想到别人也有同样的需要。你愈关心别人,你在他生活中的重要性将因此增加,自然地,他也会转而关心你。

在法国有个孤独的老人,无儿无女,身体也不好,他决定搬到养老院,老人准备卖了他漂亮的住宅。

这所住宅很有名,所以大家都来买。住宅的底价是10万欧元,但人们很快就将它炒到20万欧元,而且价钱还在不断上涨。老人很忧郁。是的,要不是身体不行了,他是不会卖掉这栋他度过大半生的住宅的。

有个小伙子来到老人面前,弯下腰低声说:"先生,我也想买这栋住宅,可我只有1万欧元。""但是,但是它的底价就是10万欧元,"老人淡淡地说:"而且现在它已经升到20万欧元。"小伙子并不灰心,他诚恳地说:"如果您把房子卖给我,我保证会让您继续生活在这里,和我一起喝茶、读报、散步。相信我,我会用心来照顾您!"

老人站起来,叫人们安静下来。"朋友们,这房子是他的了。"小伙子出人意料地赢得了胜利。

这个小伙子为什么凭1万欧元就胜出了?道理很简单,因为他表示,他将用心照顾一个孤独的老人。我们知道,孤独的老人需要的就是别人的照顾和关心。虽然有人愿意出20万欧元购买他的房子,但老人最终在金钱和爱心之间选择了后者。因此我们也可以肯定地说：那些真心关心别人的人，总能得到别人的回报。

不用怀疑，人最关注的就是自己。所以，你要求人办事就要对别人表示关心。

有家餐厅，一群人坐着聊天，适逢餐厅员工下班，有位服务员推自行车时，不小心摔了一下，只见经理快速起身跑了过去，扶起那位服务员关切地问："摔伤了吗？要不要去医院看看？"服务员回答："不用。""你看腿都摔破皮了，去餐厅搽点药，歇歇再走吧。"经理小心地扶着她回到餐厅，然后就去找药，找到药后，又亲手替小姐擦上，还对她说如果不舒服，下午就不用来上班了，工资照发。那位服务员连声说："不用，不用。"这种做法比发几百元钱奖金更能赢得这位服务员对工作的热爱。

对小事的处理能反映人的素质。公司上班大家相互见面打个招呼，问一声："身体完全好了没有？要不要再多休息几天？"或者："家里的事解决了吗？要不要帮忙？"这种简短的问话，能温暖人心。你心里关怀别人，但不说出来，别人又怎能知道？即使有些极端自私的人表面做出一些关切和问候，在一定程度上也能打动人心。

有些人和同事、熟人、朋友许久没见面了，但见了面后，却仍然还像平时一样，这样岂不令人伤心。试想如果你许久没上班，上班后别人见到你没有任何特别的表示，你心里一定会有这种感觉：我这么久没来上班原来他们还不知道，我在他们眼里太不重要了。既然你有这样的感觉，别人也一样。下次你遇见许久没见的朋友时，别忘了用惊讶、亲热的语气表达你的问候。"好久没见你了，干什么去了？""好久没见了，真有些想你。"

 **好好说话**

关心别人，意味着被他的兴趣所吸引，为他的高兴而高兴，因他的担忧而担忧。一个人只要对别人真心感兴趣，他必将赢得真正的友情，必将在需要帮助的时候获得毫不犹豫的帮助。

开口激人，说他多好就有多好

美国大银行家培庞·摩根有一篇文稿写道：人会做一件

事，都有两种理由存在。一种是看起来很好，一种是的确很好。人们会时常想到那个真实的理由，而我们都是自己内心的理想家，较喜欢想高尚的动机。所以要改变一个人的意志，需要激发他高尚的动机。

汉密尔顿的法瑞有一个很挑剔的房客，扬言要搬离他的公寓。但这房客的租约，尚有4个月才期满，每个月的租金是55美元，可是他却声称立即就要搬，不管租约那回事。

这个房客，已在法瑞这里住了一个冬季。如果他们搬走的话，在这个秋季前，这房子是不容易租出去的。眼看220美元就要从口袋飞走了，法瑞很是着急。若在以前，法瑞一定找那个房客，要他把租约重念一遍，并向他指出，如果现在搬走，那4个月的租金，仍须全部付清。

可是，这次法瑞只是向他这样说："先生，听说你准备搬家，可是我不相信那是真的。我从多方面的经验来推断，我看出你是一位说话有信用的人，而且我可以跟自己打赌，你就是这样的一个人。"

房客静静地听着，没有做任何表示，接着法瑞提了个建议，让房客将他所决定的事，先暂时搁在一边，不妨再考虑一下。并给了他充裕的时间，如果到时候还是决定要搬的话，法瑞说他将会接受他的要求。

最后，法瑞一再强调他相信对方是个讲信用的人，会遵守自己的租约。

事情果然不出法瑞所料，到了下个月这位先生来见他，并且付了房租。并说，这件事已经跟他太太商量过，他们决定继续住下去。他们都认为至少应该住到期满。

已故的洛史克力夫爵士发现一份报纸上，刊登出一张他不愿意刊登的相片，他就写了一封信给那家报社的编辑。他那封信上没有这样说："请勿再刊登我那张相片，因为我不喜欢。"他想激起高尚的动机，他知道每个人都尊敬自己的母亲，所以他在那封信上，以另外一种口气说："由于家母不喜欢那张相片，所以贵报以后请勿刊登出来。"

当约翰·洛克菲勒要阻止摄影记者拍他子女的相片时，便想起一个人人都不愿伤害儿童的高尚动机。他对记者们这样说："诸位，我相信你们之中有很多都已经是孩子的爸爸，如果让孩子们成了新闻人物，那并不是适宜的。"

柯狄斯本来是缅因州一个贫苦人家的孩子，后来成为美国《星期六晚报》和《妇女家庭杂志》的负责人，赚了几百万美元。他创办刊物之初,不能像其他家的报纸、杂志一样,付出高价买稿子。他没有能力聘请国内第一流作家替他执笔撰稿,可是,他运用了人们高尚的动机。

例如,他会请《小妇人》的作家奥尔克特为他撰写稿子,并且当时是她声望最高的时候。柯狄斯所使用的方法很突出,他签了一张100美元的支票,他不是把支票给奥尔克特,而是捐助给她最喜欢的一个慈善机构。

或许有人会怀疑说:"以这种手法,用在洛史克力夫、洛克菲勒和富于情感的小说家身上,或许会有效。可是,朋友,你这种方法,如果用在那些难缠的人身上,是不是一样有效?"

不错,没有一样东西能在任何情形下产生同样的效果;没有一样东西,能在所有人身上都发生效力。如果你满意你现在所得到的结果,那又何必再改变呢?假如你认为不满意的话,那就不妨试验一下。

 **好好说话**

信任别人就是信任自己,这是推己及人的道理,信任不值

得信任的人，会改变这个人，使他值得信任；信任值得信任的人，会使这个人更加值得信任。

开口助人，给人方便自己方便

说话像回声，你送出什么它就送回什么，你播种什么就收获什么，你给予什么就得到什么。你想要别人是你的朋友，首先你得是别人的朋友。心要靠心来交换，感情只有用感情来交换。

把别人的忧虑当成自己的忧虑的人，别人也会忧虑着他的忧虑；把别人的快乐当成自己的快乐的人，别人也会快乐着他的快乐。用利益帮助别人的人，别人也会用利益帮助他；用道德对待别人的人，别人也会用道德回报他。这就是人性，这就是人情。

爱护别人的人，别人会爱护他；尊敬别人的人，别人会尊敬他。爱护别人就是爱护自己，帮助别人就是帮助自己，成就别人就是成就自己。相反，伤害别人就是伤害自己，毁谤别人就是毁谤自己，苛刻别人就是苛刻自己。做大事、立大功、建大业的人，必然是有大德的人。

得到大多数人帮助的人，成功就大；得到少数人帮助的人，成功就小；得不到别人帮助的人，只有失败，没有成功。希望获得别人帮助的人，首先要帮助别人，吃亏在前，占便宜在后。

一年冬天，年轻的哈默随同伴来到美国加利福尼亚州一个名叫沃尔逊的小镇，在那里，他认识了善良的镇长杰克逊。正是这位镇长，对哈默后来的成功影响巨大。

那天，天下着小雨，镇长门前花圃旁边的小路成了一片泥淖。于是行人就从花圃里穿过，弄得花圃一片狼藉。哈默不禁替镇长痛惜，于是不顾寒雨淋身，独自站在雨中看护花圃，让行人从泥淖中穿行。

这时出去半天的镇长满面微笑地从外面挑回一担煤渣，从容地把它铺在泥淖里。结果，再也没有人从花圃里穿过了。镇长意味深长地对哈默说："你看，给人方便，就是给自己方便。我们这样做有什么不好？"

每个人的心都是一个花圃，每个人的人生之旅就好比花圃旁边的小路，而生活的天空不仅有风和日丽，也有风霜雪雨。那些在雨中前行的人们如果能有一条可以顺利通过的路，谁还愿意去践踏美丽的花圃，伤害善良的心灵呢？

后来,哈默在艰苦的奋斗下成为了美国石油大王。一天深夜,他在一家大酒店门口被黑人记者杰西克拦住,杰西克问了他一个最敏感的话题:"为什么前一阵子阁下对东欧国家的石油输出量减少了,而你最大的对手的石油输出量都略有增加?这似乎与阁下现在的石油大王身份不符。"

哈默听了记者这个尖锐的问题,没有立即反驳他,而是平静地回答道:"给人方便就是给自己方便。而那些想在竞争中出人头地的人如果知道,关照别人需要的只是一点点的理解与大度,却能赢来意想不到的收获,那他一定会后悔不迭。给人方便,是一种最有力量的方式,也是一条最好的路。"

有一篇叫《慷慨的农夫》的短文,说美国南部有个州,每年都举办南瓜品种大赛。一位经常获得头奖的农夫,获奖之后,毫不吝惜地将得奖的种子分送给街坊邻居。有人不解,问他为何如此慷慨,不怕别人的南瓜品种超过他吗?农夫回答:"我将种子分送给大家,方便大家,其实也就是方便我自己!"

原来,邻居们种上了良种南瓜,就可以避免蜜蜂在传递花粉过程中,将邻近较差的品种南瓜的花粉传给农夫的南瓜。这样,农夫就能专心致力于品种的改良。否则,他就要在防范外来花粉方面大费周折而疲于奔命。

这也是一个"与人方便，自己方便"的例子。

福乐是每个人都想享有的，如果你处处只想到自己的利益，就会众叛亲离；若过于孤立，则成功的缘分就渐渐疏离；不该得的财富你处心积虑想拥有它，到头来你会失去更多的回报和机会。

好好说话

在公司里，如果领导在言语能真正关心部属，关心工作伙伴，甚至关心客户，同时关心到他们的家人，让他们感觉到，在这里是非常重视家庭生活的一个组织，在这里工作是希望每个人更好，甚至是他的家人都能够过得更好。用这样的理念来关心这个社会，关心周围的每一群人，这样做的结果，会比仅仅追求财富上的成功，或是个人的成就感，要来得更有意义。

开口服人，动之以情、晓之以理

人是感性和理性的综合体。只是有的人偏于理性，有的人更显感性。不管什么人，只要你动之以情、晓之以理，都一定可以将其说服。

老于刚调到一个机关单位做办公室主任，就碰到了个小麻烦，上级分配植树任务，单位的几十名同志都主动承担了一些任务，唯有几个"老调皮"任凭老于怎么在政治上动员都不愿参加，使老于很难堪。下班了，老于把这几位"刺头"叫到办公室，轻声地说："我现在很为难，请你们帮个忙，真心谢谢你们。"刚才态度还很强硬的几个"老调皮"听了这句语重心长的话，纷纷表示："主任，我们不会为难你了。"说完立即去认领了自己的任务。

一句充满人情味的请求话，比通盘大道理更有用，更能打动人心，这句话能让"老调皮"觉得，主任看得起咱，怎么能不给他面子呢？

三国时期，孙权和刘备为了联合抗击曹操，是又联合又斗争的一对盟友。孙权的经理人周瑜和刘备的经理人诸葛亮也是又联合又斗争。在联合抗曹取得一定的胜利后，为了荆州的问题两家闹起了别扭。诸葛亮定计"三气周瑜"，结果使周瑜一命而亡。东吴上下对诸葛亮是恨之入骨，决心要杀死诸葛亮为周瑜报仇。孙刘两家的盟友关系也遭受严峻的考验。为了不使两家分裂并结成仇恨，诸葛亮要亲自到柴桑口为周瑜吊孝。刘备一方的君臣坚持劝阻，认为诸葛亮一去必然要被东吴杀害，结果将是有去无回。

诸葛亮分析，周瑜死了之后，鲁肃就会执掌东吴的大权。鲁肃是个深明大义的人，不会做出鲁莽的事情；东吴要在江东站稳脚跟，也必须和刘备联合。孙权、鲁肃都不会拿他们的江山开玩笑，同时也需要通过这次吊孝化解双方的怨恨。加上由赵子龙这位智勇双全的将军随身保护，即使出现点意外，也将是有惊无险的。诸葛亮说服众人，过江去了东吴。到达柴桑之后，鲁肃果然非常礼貌地接待了他。诸葛亮到了灵堂，读完祭文就伏地痛哭，情真意切，流泪不止，一口一个"周都督"，一嘴一个"周贤弟"，一边诉说两人联合抗曹的谋略，一边长叹周瑜一死没有了共同谋划之人。似乎这个世界上只有周瑜是他诸葛亮唯一的知音了，令所有在场的人都非常感动，就连周瑜的夫人小乔也动摇了。人们对周瑜是不是被诸葛亮气死的都产生了疑问，甚至认为周瑜之死是他自己心眼太窄造成的。诸葛亮之所以能取得这样的效果，就是因为他用感情打动了对方。

除了动之以情，还要晓之以理。不管是用情还是用理，最重要的是对人心的征服，内心的城防一旦攻破，那么胜利就会有九成的把握。

有个"的姐"（出租车女司机）把一个小伙子送到指定地点时，对方掏出尖刀逼她把钱都交出来，她装作害怕样交给歹徒300元钱说："今天就挣这么点儿，要嫌少就把零钱也给你吧。"说完又拿出20元找零用的钱。见"的姐"如此爽快，歹徒有些发愣。"的姐"趁机说："你家在哪儿住？我送你回家吧。这么晚了，家人该等着急了。"见"的姐"是个女子又不反抗，歹徒便把刀收了起来，让"的姐"把他送到火车站去。

见气氛缓和，"的姐"不失时机地启发歹徒："我家里原来也非常困难，咱又没啥技术，后来就跟人家学开车，干起这一行来。虽然挣钱不算多，可日子过得还算不错。何况自食其力，穷点儿谁还能笑话我呢？"见歹徒沉默不语，"的姐"继续说："唉，年轻人四肢健全，干点儿啥都差不了，走上这条路一辈子就毁了。"

火车站到了，见歹徒要下车，"的姐"又说："我的钱就算帮助你的，用它干点正事，以后别再干这种见不得人的事了。"一直不说话的歹徒听罢突然哭了，把300多元钱往"的姐"手里一塞说:"大姐,我以后饿死也不干这事了。"说完,低着头走了。

在这个故事中,"的姐"典型地运用了消除防范心理的技巧,最终达到了说服的目的。

好好说话

说话时要有针对性,有亲和力,善于打动别人。至于言外之意,要紧密结合具体语境,透过语言表面,显出话外之音,深究说话者的真正意思。这样才算是起到了说服他人的作用,达到说服他人的效果。

第四章

遵守 11 种规矩，跟谁都能聊得来

言多必失，不该说的就不说

兰考县县委书记宗家邦万万没有想到，因为自己的一句狂言"焦裕禄精神我一听就烦"而掉了乌纱。事后，他对组织部门前来调查的人解释说，自己当天酒喝多了，是酒后失言。但舆论和群众却普遍认为他是酒后真言。那么到底是真言、失言还是狂言，抑或三者兼而有之，只有他自己知道了。我们知道的是，他失言了。

所谓失言，就是说了不该说、不能说、不便说的话。也就是《韩诗外传》所谓"酒入口者，舌出；舌出者，言失；言失者，弃身"。古人的教诲和今人的教训都告诉我们，不该说、不能说、不便说的话如果脱口而出，终将酿成大错。

一对情侣在一家服装店，为了一条裤子讨价还价，年轻的女老板坚持要180元，女孩坚持给80元。女老板不卖，女孩拉着男友要走。女老板脸色一沉，说了一句："180块还讲个没完，真是没出息！没钱就别出来逛，丢人现眼！"

这话说得十分难听，这对情侣一听当然是火冒三丈，结果女老板还来劲了，说了句更狠的话："像你这种身材，肥得像猪一样，一辈子买不到合适的裤子！"这下女孩的男朋友可不干了，抓起女老板的衣领就是一拳……

女老板为了一条裤子，居然说出这么伤人的话，招来一次痛打，也真是不值。俗话说，买卖不成仁义在，明白人应该懂得和气生财的道理，宽容一点，看人的长处，言辞才会亲和，没准一桩生意就做成了，不至于到拳脚相加的地步。不会好好说话，既伤害了别人，于己也没有什么好处。

日常生活中，我们有哪些话不该说呢？

1. 流言止于智者

不管是谣言还是事实，都不要在背后议论别人是非。散布传言的"大嘴巴"自然不受人欢迎。如果有人向你传播流言，说同事的坏话，等等，你应当委婉地表示自己不感兴趣。听到后，理应避免"二次传播"，这是做人的道德和修养问题。

2. 不要和上司辩解

在工作中，由于各种各样的原因，不可避免地会出现一些失误。这时就要面临上司的批评，有的人在受批评时喜欢辩解，其实这样做一点用处也没有，因为不论何种原因，驳上司的面子都会冒风险。这时辩解不仅于事无补，反而会伤害上司的自尊，使你与上司的关系越闹越僵。即使你有充分的理由，也不要辩解，只要低头说"对不起"，表示歉意。这样，上司才会觉得他批评得有意义，而你的谦虚与诚恳也将给他留下深刻的印象，增加他对你的好感。

一天，正在外面办事的公司总经理给秘书小何打来电话，让她准备一份材料，下午开会用。接完电话，小何就遵嘱把材料打印好放到了他的办公桌上。但是等到下午快开会的时候，经理没有找到那份材料，于是问小何："小何，会议材料呢？"

小何回答："我上午十点钟的时候放到您桌子上了。"

经理找了半天，着急了："你看看，我桌子上哪有什么材料啊？难道是我故意藏起来了？你怎么办事这么不牢靠呢？"

小何心里委屈，但是还是说："也许我记错了。我这就马上拿给您。"之后赶紧又去打印了一份，交给经理。

第二天，公司的董事长过来把开会的材料交给经理，解释说昨天顺手拿去看了看，忘了拿回来。经理这才知道自己错怪了小何。然而因为小何并没有争辩，经理很器重她，不久，因为人事总经理的职位空缺，他就建议由小何担任。

小何受了委屈，并没有申辩，而是为了保证会议的进行，重新打印了材料，同时也保护了经理的面子，最后当事实澄清时，经理又看得到了她宽阔的胸怀，于是她凭借着自己恰当的处事技巧，被提拔为部门经理。

3.不便透露的消息不能说

有时候同事之间或许会流传一些小道消息，例如某某要升职了，某某要被开除了，或者奖金要发下来了，要涨工资了，等等。这时候如果你恰巧因为做了某个职位或者某些特殊的情况知道了这些消息的具体内幕，别人向你打听，最好不要全盘托出，毕竟事情还没有真正发生，若你自行透露，总会有人失望有人得意，两头不好做。所以你大可以直接说"不知道"，或者拿出一些令人信服的理由说："哦？我不知道啊，这几天也没见到老板。"

各人有各人的不易，同样地，各人又有各人的幸福。每个人的境遇不一样，价值观不一样，所以彼视之珍宝，在别人看来，或许也不过尔尔。所以，即使你知道一些事实，也切记不要轻易评判，轻易挑明，如此便少了尴尬，还显得你为人厚道有涵养。

佛学里有一个词叫"止语"，俗话叫"闭口禅"，是一种很高境界的修行。止语的目的，是为了避免言多必失，更为了训练自己设身处地的慈悲心。总之，说话看情境，开口讲冷暖，是情商，是教养，也是智慧。

好好说话

有些时候，乱说瞎说就是一种语言暴力。除却武力带给他人的生理伤害，语言暴力给人造成的心理、精神伤害也不容小视。生理伤害可以通过治疗得到痊愈，而语言暴力虽然不会在他人的身上留下伤痕，却能在其心里投下不易挥散的阴影。最好的交谈，是用心、真诚，且言辞得体，恰到好处，令人如沐春风。

多说"我们"，少说"我"

"我"在英文中本来是个头最瘦小的字，千万不要把它变成自己语言中个头最大的字。学学口才大师，不说"我想"，而说"你看呢？""你认为呢？"等。

在一个园艺俱乐部的聚会中,有位先生在3分钟的时间里,用了36个"我"。不是说"我……",就是说"我的……""我的花园……我的篱笆……我的花木……"。

结果,他的一位熟人后来走过去对他说:"真遗憾!你失去了妻子。"

"失去了妻子?"他吃了一惊,"没有!她好好的啊!"

"是吗?那么,难道她和你提到的花园一点关系都没有吗?"

由此可见,一个独霸谈话,张口闭口都是"我"的人是很令人讨厌的。

莎士比亚剧中的独白的确精彩绝伦,表演的时候,演员可以在台上滔滔不绝地独自倾吐衷肠。然而,这对生活于现实中的人来说却是行不通的。独霸谈话的人不喜欢打趣,不喜欢讲故事,除了他自己的观点之外,再没有什么别的想法。如果别人试图插嘴打断他,他会对你说:"是啊,我的孩子。"接着马上又转回来说:"可是……"

独霸谈话是对自己的放纵,这种人对于听众的叹息、迷惘、否定,以及其他任何话题都无动于衷,不予理睬。然而可悲的是,他们这种自我陶醉往往总是他们自己的单相思。

谈话者必须像汽车司机一样随时注意红绿灯。对于他来说，一方面是听众愉快、专心、赞同的信号，另一方面则是厌恶、烦躁、否定的信号。如果他没有注意红灯，还继续接着往下说，他终究会发现使他谈话失败的正是他自己。也许听众张开嘴巴有时完全是因为听得兴奋，而并不是想插嘴打断你，即使如此，你还是不能忘记红绿灯。让别人先走一步，你自己并不会损失什么。

如果听众真的被你的机敏与才智所吸引，他们会不断亮出"说下去"的绿灯。

有些爱开玩笑的人也是如此，尽管他们的玩笑并不精彩，可他们还是被一股奇特的冲动所驱使，总是想说笑话，其实这种人自己正是真正扼杀谈话效果的人。

生活中我们时常见到这类人，他们无论走到哪里，无论在什么场合都能游刃有余，与别人打成一片。自古以来，有很多名家在讲话时与听众打成一片，譬如当他举起拳头时，成千上万的听众也同样举起拳头附和着。

他们为什么会与听众紧密地结合在一起呢？其秘诀在于他们所使用的言辞和所持的态度，深深地吸引了听众。为了达到这一目的，他们在讲话时更是频频使用"我们""我们大家"

等字眼，以表示这些内容与众人息息相关。所以只需简单的几句，即可笼络大众的心，使人人都有"命运同一"的意识。

现代政治家也同样会使用类似的发言形式，如：

"我们要趁早将牛肉供给自由化，使大家能吃到廉价的牛肉，所以我们必须先维护我们共同的权利，以达到这一目的。"

这就使听者感觉到，这是我们大家共同的事情，并非某一个人的事情。这些人虽是使用了"我们"这一字眼，但他们或许是为了个人的利益，不过如此一来，至少在群众的感觉中是与他的切身利益有关的。

因为每个人的内心都存有或多或少潜在的"自我意识"，所以都不愿意受到他人的指使。如果他认为你是在为了自己的利益，就更不易向你妥协，即使你说得天花乱坠、头头是道，在他看来你只是在为你自己的个人利益而做的一场表演而已，更谈不上听取你的高见了。

如果此时你能使用到"我们"这一字眼，就会立刻使人认为你我利益一致，于是原本坚强的防御堡垒也终会倒塌，听众便会在不知不觉中上了你的圈套。对于自我意识强者，更可以利用这种方式使他就范。

尤其是男女的交往更需要注意，不可说"我和你"，而必须使用"我们两人"，让对方更能产生你我一体的共同意识。

总而言之，自我意识人人有之，当你想说服他人时，千万别忘了使用"我们"这一字眼。

好好说话

我们经常在新闻节目上看到记者这样采访："请问我们这项工作……"或者"请问我们厂……"经常发现演讲者使用"我们是否应该这样""让我们……"等表达方式。这样说话能使你觉得和对方的距离接近，听来和缓亲切。因为"我们"这个词，也就是要表现"你也参与其中"的意思，所以会令对方心中产生一种参与意识。

给人面子，批评更乐于接受

批评之所以被人拒绝，一般出于两种原因：其一是批评者不了解当事人的处境和造成错误的原因，使当事者感到委屈；

其二是批评者采用了权威性的立场，暗示当事人行为的"笨拙"或"愚昧"，引起了当事者的反感。

行动失误、办了错事的人，常有防卫其自我尊严的倾向。如果有人再以权威者的姿态出现，指责他的做法不够高明、行为欠考虑，他的尊严将更感受威胁。这时防卫倾向会更增强，充耳不闻乃是极自然的反应。

批评人时，切忌只顾自己一味发脾气，得理不让人。如不讲究批评的方法和艺术，其结果与初衷只会适得其反。

一次，李主任怒气冲冲地走进办公室，"啪"的一声将一份报告摔在秘书小王的桌上，办公室里的几个人同时都愣住了。

李主任以为这是个惩一儆百的好机会，接着大吼道："你看看，干了这么多年，竟写出这样空洞无物的报告，送到总经理手中，一定会以为我们都难以胜任工作！以后，脑子里多装点工作，上班时间精神振作一点。"说完，他一甩手走了，把个小王晾在那儿，尴尬异常。

过后，李主任满以为办公室的工作效率会提高。可事与愿违，大家都躲着他，布置工作，不是说没时间，就是说手头有要紧事。李主任这才品出一点滋味，突然意识到此举不明智。

人人都爱面子，换一种批评的方法，其结果可能就大相径庭了。

期末考试结束了，儿子伟伟除物理考得不好以外，其他成绩还不错。父母将儿子叫到跟前，和蔼地说："伟伟，你这次成绩进步了，我们很高兴。如果你继续努力下去的话，下次物理一定会考得和其他科目一样好。"伟伟高兴地接受了这番赞扬，同时也意识到下学期要加把劲，把物理学好。

试想，换一种说法，加入"但是"两个字。"……但是，你如果加强一下物理就更好了。"这很可能使伟伟怀疑赞扬之词原来是批评的"前奏"，因而产生抵触情绪，对他的学习不会有裨益的。

就心理学而言，一个批评与被批评的过程是批评者与被批评者在思想、感情上的相互交流与认同的过程。

人在批评过程中越是尊重、理解对方的处境，就越能够获得对方对自己批评意见的重视与接受。在发表批评意见中，尊重使人懂得爱护别人的自尊心，维护其面子，不出语伤人，不逞口舌之快，设身处地地替别人着想，讲话不自以为是，不强加于人。

在接受批评意见时，尊重使人竭力认同别人批评意见中的有益部分，并予以积极的肯定。人们越是能够尊重理解人，就越能够冷静、客观地面对别人的批评意见。从这个意义上讲，尊重、理解是使忠言不逆耳，闻过不动怒的转化条件。

在纠正他人的错误时应该采取什么样的易于为对方所接受的说话方式呢？以下方法可供参考：

对人要具有极大的同情心，这样我们就不仅不会对人吹毛求疵，反而会对其产生错误的原因加以谅解。而且，我们要时刻想着自己与对方是站在一边的，而不是和他敌对的。

说话要温和委婉，不可用刺激的或使人听了不舒服的字眼。如果说话会令人无法忍受，那么即使对方嘴上承认，心里也是不会服气的。

纠正他人的错误的言语越少越好，最好能一两句就使对方明白，然后转至其他话题，不可说个不停，使对方陷于窘境，甚至产生反感。

别人做错了事情，我们对其不妥之处固然须加以指出，但对其可取之处更须加以极大地赞扬。这能使对方保持心理平衡，心悦诚服。

改变他人的意见时，最好能设法将自己的意见不知不觉地移植给他，使他觉得是他自己改正了，而不是由于受了我们的批评。

对于别人出现的不可挽回的过失，我们应该站在朋友的立场上，给予恳切正确的指正，使他知过而改，而不能对之施以严厉的责问。

纠正别人过错时，切忌采用命令的口吻，最好采用请教式的语气。

旁敲侧击，隐晦地指出别人的错误，以保留对方的自尊心，使他自觉地改正过失。

当然，纠正错误的方法还有可能是多种多样的，但都不外乎是讲究策略，只要我们做到了这一点，就能成功。

 **好好说话**

和风细雨与急风暴雨产生的结果会完全不同，批评讲究方法和技巧，得到的结果与粗暴的批评是完全不一样的。所以批评别人尽量用一些温和婉转的方法，少用急风暴雨的方法，这样的批评方式别人才肯接受。

先行自责，得到同情和理解

高手说话遵守的基本要点之一，就是巧妙地诱导对方的心理感情，以使他人就范。如果说话的一方特别强调自己的优点，企图使自己占上风，对方反而会加强防范心。

所以，应该故意先点破自己的缺点或错误，暂时使对方产生优越感，而且注意不要以一本正经的态度表达，才不会让对方乘虚而入。

当一个人认为可能自己会被人指责时，不妨以先发制人的方式先数落自己一番。然而人心是很奇特的，当对方发觉你已承认错误时，便不好再多指责。

如当你有求于对方时，一开始你就说："我这可能是无理的要求"，"我说这些话可能有点啰唆"，或"我说的话可能过分点"。

此时，即使你说的话确实令对方感到厌烦，对方也不会因此当面指责。如果反复使用，反而更能加强效果，使对方轻易地听完你的要求，并接受你的要求。

美国心理学专家卡耐基在其《美好的人生》一书中，讲了他的一段经历：

从卡耐基家步行一分钟，就可以到达森林公园。他常常带着一只叫雷斯的小猎狗到公园散步。因为他们在公园里很少碰到人，又因为这条狗友善而不伤人，所以卡耐基常常不替雷斯系狗链或戴口罩。

有一天，他们在公园遇见一位骑马的警察，警察严厉地说："你为什么让你的狗跑来跑去而不给它系上链子或戴上口罩？你难道不晓得这是违法吗？"

"是的，我晓得。"卡耐基低声地说，"不过，我认为它不至于在这儿咬人。"

"你不认为！你不认为！法律是不管你怎么认为的。它可能在这里咬死松鼠，或咬伤小孩，这次我不追究，假如下次再被我碰上，你就必须跟法官解释了。"

卡耐基的确照办了。可是，他的雷斯不喜欢戴口罩，他也不喜欢它那样。一天下午，他和雷卡斯正在一座小坡上赛跑，突然，他看见那位执法大人正骑在一匹棕色的马上。

卡耐基想，这下栽了！他决定不等警察开口就先发制人。他说：先生，这下你当场逮到我了。我有罪。你上星期警告过我，若是再带小狗出来而不替它戴口罩，你就要罚我。

"好说，好说，"警察回答的声调很柔和，"我晓得没有人的时候，谁都忍不住要带这样一条小狗出来溜达。"

"的确忍不住。"卡耐基说道，"但这是违法的。"

"哦，你大概把事情看得太严重了，"警察说，"我们这样吧，你只要让它跑过小山，到我看不到的地方，事情就算了。"

那位警察也是一个人，他要的是一种重要人物的感觉，因此，当卡耐基责怪自己的时候，唯一能增强他自尊心的方法，就是以宽容的态度表现慈悲。

好好说话

如果我们免不了会受到责备，何不自己先认错呢？听自己谴责自己不比挨别人批评好受得多吗？你要是知道某人准备责备你，你自己先把对方责备你的话说出来，他十之八九会以宽大、谅解的态度对待你，就像那位警察对待卡耐基和他的爱犬一样。

忌讳和冒犯的话要避免去说

忌讳如伤痕,虽然常常淹没在深处,却往往有人去掀动它。几乎每个人都会有一些避讳的事,人人都讨厌自己的忌讳受到别人的冲撞。与人相互沟通时,要千万注意,不能忽视了这些问题。如果不小心因说了一些忌讳的话而冲撞了别人,这往往会引起别人的反感。

一次几位同事在一起喝酒。小李为了表达对小张取得成绩的钦佩之情,他举杯倡议道:"我建议为小张的成功干杯!总结小张的曲折经历,我得出这样一个结论,凡是成大事的人,必须具备三证!"

众人惊异地问道:"哪三证?"小李提高嗓门喊道:"第一是大学毕业证,第二是监狱释放证,第三是离婚证!"话音刚落,众皆哗然,小张硬撑着喝下了那杯苦涩的酒。

这三证中的两证无疑是小张的忌讳,而小李却没遮拦地把它们说出来了。小张不想让别人知道,小李却把它们捅了出来。这件事警示我们,在激励自己的同事,即使是非常要好的同事时,千万要避开那些忌讳问题。

美国俄亥俄州黛唐市的国立现金收入纪录公司有着美国最杰出的销售实力。这个公司的销售训练部主任拉尔夫·奈格里告诉我,说:"保证推销员工作符合要求的秘密在于,不是向他们讲公司的意图,而是给他们一个把推销工作做得更好的刺激。"

拉尔夫从来不说:"如果你想在这里工作,你就必须干大量跑腿的活儿。"相反,他更可能会说这样的一些话:"如果你强迫自己出去多做一些访问和请示,就会大大地增加你的收入。"

推销员的工作本来就是跑腿的,但你直率地说出这个字眼来,会使他们感到你对他们的鄙夷,从而干不出很好的业绩。但是换一种说法,就避开了这个忌讳,让他们放心地去做好工作。

好好说话

在日常生活中有很多事可使人产生愤怒,如果遇到这种情况要尽量躲开,或暂时回避一下,以免使矛盾激化。

到什么场合就说什么样的话

场合对说话的影响，与场合对交际者的心态和情绪的折射作用分不开。场合不同，氛围不同，人们的心情、心绪也不同。他们对一些问题的感受和理解的程度也不一样。同样一句话，在此场合会被认为合理、有见解，在彼场合则会引起人家的厌恶和反感。因此，在不同的场合就要说符合场景气氛的话，说话要特别注意分寸，否则，不看场合说不合情景的话就会碰壁。

鲁迅先生有一篇散文《立论》，非常生动地揭示了说话应注意场合的特点：

一家人家生了一个男孩子，合家高兴透顶了。满月的时候，抱出来给客人看——大概自然是想讨点好兆头。一个人说："这孩子将来要发财的。"他于是得到一番感谢。一个人说："这孩子将来要做官的。"他于是收回几句恭维。一个人说："这孩子将来是要死的。"他于是得到一顿大家合力的痛打。

这篇故事性散文里，孩子满月是喜事，主人这时愿意听赞美之词，尽管是信口之言；而说孩子将来必死确是有据之言，却使主人反感。因为在轻松的场合言语也要轻松，在热烈的场合言语也要热烈，在清冷的场合言语也要清冷，在喜庆的场合言语也要喜庆，在悲哀的场合语言也要悲哀。所以说话要看场合，到什么时候唱什么歌。

一位早年毕业于某高等院校中文系、勤勤恳恳工作了几十年的老教师退休了，为此，学校为他和另一位曾多次荣获过"先进"的退休老同志一并举行了一个欢送会。领导对他们的工作和为人进行了热情洋溢而又非常得体的肯定和赞扬，相比之下，对那位曾多次荣获过"先进"的老同志的美誉则尤多。当轮到两位受欢迎的退休老同志致答辞的时候，他们对大家的欢送做了深情的感谢。一时间，会场里充满了一种令人动情的温馨气氛。作为答谢，话本该说到这里为止；然而，那位老教师却并未就此打住，而由人们对另一位"先进"的赞扬中引起了感触，并做了颇为欠当的联想和发挥："说到先进，很遗憾，我从来也没有得过一次……"

话犹未尽，坐在他对面的、平日与他相处得不很融洽的一位青年教师突然抢了话头："不，那是我们不好，不是你不配当先进，是怪我们没有提你的名。"话语带着不肯饶人而又让人难堪的"刺"，冷不防，老教师的眼角眉梢被"刺"出了一股感伤的表情，一时间会场中出现了令人难堪的尴尬气氛。

领导见势不对，马上接过话茬，想把气氛缓和一下。照理说，这时，他应避开"先进"这个敏感的话题，转而谈论其他。然而，他却反反复复劝慰那位退休老教师，叫他对"先进"的问题不要在意，说没有评过先进，并不等于不够先进，先进不仅在名义，更要看事实。如此等等，一席话，等于是把本应避而不谈的话题做了重复和引申，使本已尴尬的局面显得更为尴尬。

这是一个发生在我们身边的真实故事，我们不妨把它叫作一个"不会说话的故事"。从这个故事中，我们能引出几点发人深思的教训来：

一是那位退休老教师的教训：不该做无谓的比照。比照，是谈话中常用的一种手法。用得好，可以使谈话产生某种积极的效果。这里，"积极的效果"是应该特别注意的。在退休欢送会这样的场合，人家所说的都是一些富有情感而又不失真意的十分得体的人情话和好话。对于这种充满人情味的好话，听话者要善于倾听，善于应答，大可不必拿别人的长处来衡量自己的短处，从而引起不快。

二是那位青年教师的教训：不要在别人失意之火燃烧时

加油。一位勤勤恳恳工作了一辈子的老前辈即将退休时，虽然可能因为老先生平时在某些方面不善为人处事而与自己伤了和气，然而在欢送会这种场合，我们却不能乘别人一时失言，抓住不放，图一时之痛快而说出那些不合人情的刻薄话，在这种场合，无论如何，还是要在"欢"字上多考虑一些，"欢送欢送"，"欢"而"送"之，要尽可能多留一点美好给人家。

三是那位领导人的教训：应注意避开敏感话题。领导者的能力固然表现在原则性上，在会场一时出现了某种始料不及的尴尬局面时，他没有直接去批评那位言之有失的青年教师，而是竭力肯定那位教师的贡献，具有这种应急应变的意识并立即着手应变，这些都是无可厚非的。然而，从具体的应变能力和说话方式的一面看，却又显得很不够。照理说，在这种场合，他应竭力避开"先进"这个敏感的话题，"顾左右而言他"，巧妙地把话题岔开，使欢送会的气氛由暂时的不欢而重新转向欢快，并顺势掀起新的高潮，而不是如他所做的那样，在敏感的话题上唠叨不休。能否机敏地避开某些不宜多说的话题，对领导者的领导能力也是一种很好的检验。

三个方面的教训，合为一点，就是说话要注意场合。

好好说话

不看场合，随心所欲，信口开河，想到什么说什么，这是愚者的表现。人，总是在一定的时间、一定的地点、一定的条件下生活，在不同的场合，面对着不同的人、不同的事，从不同的目的出发，就应该说不同的话，用不同的方式说话，这样才能收到理想的效果。

设身处地，为对方着想

孔子说："己所不欲，勿施于人。"耶稣说："你要别人怎样对待你，你就要怎样对待别人。"这两句名人名言是换位说话的准确注解。说话有不同的方法，有不同的技巧。世界上没有说不好的话，关键看你会不会转变一下思想，站在对方的立场，先想想别人。

有人说，要想让别人相信你是对的，并按照你的意见行事，那首先需要人们喜欢你，否则你就无法获得成功，可如果你不能设身处地站在别人的角度，找到别人的兴奋点、热点，又怎么可能说服他呢？

有家电视台，每周设有一次关于人生问题讲座的节目，据说收视率要比其他同时段的节目高出许多。收视率之所以偏高，当然有许多原因，但其中或许有人们都喜爱观看他人遭遇不幸的残酷心理。不过，最主要的还是因为节目中巧妙的对话，使人百看不厌。

大多数有疑难问题而上电视请教的观众朋友，在开始时，多会对解答者所做的各种忠告提出反对意见或辩解，并且显得十分不情愿接受对方所言。

但久而久之，不觉对解答者所说的每一句话都会频频点头称是。见了这些画面，真是比起在电影院中观赏一部电影的感受还要深。

凡电视台的主持人或问答者，无不是精挑细选才产生出来的，所以光是听听他们的说服方式也获益不少。

对于不易说服的人，最好的办法就是使对方认为你与他站在同一立场。通常出现在探讨有关人生问题的电视节目的观众朋友，离婚女子占多数。此时，负责解答疑难者说的一句话："如果我是你的话，我会原谅他的，而且绝不与他分手。"

千万别认为话中的"如果我是你"只是短短的单纯的一句话而已，殊不知它能发挥的效力是不可限量的。而这也就是由于人人都有认为"自己是最可爱"的心理所致。

如果你在说服别人的过程中，无意中使用了一些不太得当的言词，但由于你巧妙地运用这句"如果我是你"，从而弥补了你言词上的过失，不仅如此，它还能促使对方做自我反省，使对方终于感觉到唯有你的忠言，才是对自己最有利的。

让我们再看看美国心理学专家卡耐基是怎样做的吧。

卡耐基曾用某家大礼堂讲课。有一天，他突然接到通知，租金要提高3倍。

卡耐基前去与经理交涉。他说："我接到通知，有点震惊，不过这不怪你。如果我是你，我也会这么做。因为你是旅馆的经理，你的职责是使旅馆尽可能赢利。"紧接着，卡耐基为他算了一笔账，将礼堂用于办舞会、晚会，当然会获大利。但你撵走了我，也等于撵走了成千上万有文化的中层管理人员，而他们光顾贵旅社，是你花5000美元也买不到的活广告。那么，哪样更有利呢？经理被他说服了。

卡耐基之所以成功地说服了经理，在于当他说"如果我是你，我也会这么做"时，他已经完全站到了经理的角度。

接着，他站在经理的角度上算了一笔账，抓住了经理的兴奋点——赢利，使经理心甘情愿地把天平砝码加到卡耐基这边。

好好说话

汽车大王福特说过一句话：假如有什么成功秘诀的话，就是设身处地替别人着想，了解别人的态度和观点。因为这样不但能得到你与对方的沟通和理解，而且更为清楚地了解了对方的思想轨迹及其中的"要害点"，从而做到有的放矢，击中"要害"。

莫口无遮拦，以免引人反感

在交谈中，每说一句话之前，都要考虑一下你要说的话是否合适，不要口无遮拦，想说什么就说什么，给其他人造成不快，引人反感。

小王和小张平时爱开玩笑，几天没有见，一见面一个就说:"你还没有'死'呀?"对方也不计较,回一句:"我等着给你送花圈呢。"两个人哈哈一笑了事。

后来小王因病重住进了医院,小张去医院看望,一见面想逗逗他,又说:"你还没有死呀?"这一次,小王变了脸,生气地说:"滚,你滚。"便把他赶了出去。

即使是亲密无间的朋友,说话也不能口无遮拦,不考虑别人的感受。有些人说话所以惹恼人,并不是他们不会说话,而是时机。所以,对于这些人来说,当务之急在于增强时机意识,懂得不同时机对说话内容和方式的特定限制和要求,时时不忘看时机说话。

与别人聊天或者闲谈的时候,最好不要对个人的卫生状况妄加评论。如果某人的肩膀上有很多头皮屑,或者拉锁纽扣没系好,请尽量忍耐不去想,并等他亲密一些的朋友告诉他。如果你直接告诉他,特别是在人比较多的场合,很容易让对方处于尴尬的境地。

许多人不喜欢别人问自己的年龄,尤其对女性而言,年龄是她们的秘密,不愿被人提及。对钱等涉及个人收入的一类私人问题的询问通常也是不合适的,可以置之不理。

在社交活动中,应该以诚待人,宽以待人。要与人为善，而不要打听、干涉别人的隐私，评论他人的是是非非，等等。不要无事生非，捕风捉影，也不要东家长、西家短，更不要传小道消息，把芝麻说成西瓜。说话要有事实根据，不能听风就是雨，随波逐流。

俗话说："良言一句三冬暖，恶语伤人六月寒。"所谓恶语是指那些肮脏污秽、奚落挖苦、刻薄侮辱一类的语言。口出恶语，不但伤人，而且有损自身形象。在社交活动中，应当尊重人，温文尔雅，讲究语言美，而不要自以为是，出言不逊，恶语伤人。

此外，如果两人相见，话不投机怎么办？不妨把"话不投机"的对方当作会话训练的对手。有一种人，当他和某人在一起时，总是有说不完的话，可是和另一个人在一起时，却沉闷得不讲一句话。

俗语说："酒逢知己千杯少，话不投机半句多。"有些朋友一旦感到与对方讲话不投机，自己虽有话题，也不愿提出，而且从心底里拒绝接受对方的意见，这不是一个有教养的人所应有的态度。培养自己的说话能力，除了说话的场合与次数要多以外，更要把握与各式各样的人交谈的机会。你或许会发现自己对某个人有很深的成见，一见到他，就产生一股厌恶感。

这时,你不要逃避,应该更积极地去跟他交谈,这是训练会话技巧的最佳方法。你可以选择一些比较轻松的话题跟他谈,例如电影啦,音乐啦,等等,通过这些交谈,可以促进两人之间的感情,增加彼此的了解。经过几次交谈后,或许你会发觉:"哦!原来他不是一个那么令人讨厌的人!"也可能你们会从此变成一对很谈得来的朋友。

 **好好说话**

香港凤凰卫视主持人窦文涛曾说:"我从来没有碰到过令我讨厌的人。"你如果能够纠正不跟讨厌的人讲话的观念,一定会变得很有人缘,会话技巧也必提高,这种一举两得的事,何乐而不为呢?而如果一次话不投机就放弃了深入了解别人的机会,或许失去的要比得到的更多。

功劳不独占,和大家一起分享

当你和大家一起做出成就时,千万别独享荣耀,要懂得与别人分享。独享荣耀容易激起他人心中不满并心生恨意。

当大家都为一个目标在努力奋斗，不料让你抢先得到了这个惹人眼红的功劳，于是相比之下的其他人就明显比你矮了很多，你的存在也不时地给他人造成了威胁，尽管你并未做任何伤害他人的事，但又有谁还愿意跟随一个人没有安全感的人在一起共事呢？自然而然地，独自享有荣耀，还心安理得地把高帽子往自己头上戴的人终究是会成为孤家寡人的，更何谈招人喜欢，受人欢迎？

会说话的人，不会独享荣耀，因为自己的荣耀会令别人变得暗淡，甚至令人产生一种不安全感，而你的感谢、分享、谦卑，却能让他们吃下一颗定心丸。

有位编辑很有才气，他编辑的杂志很受欢迎。有一年他得到了大奖，一开始他还很快乐，但过了个把月，却失去了笑容。他说，社里的同事，包括他的上司，都在有意无意间和他作对。

这是为什么呢？原因是他犯了"独享荣耀"的错误。事情是这样的：

他得了大奖，老板还另外给了他一个红包，并且当众表扬他的工作成绩。但是他并没有现场感谢上司和属下们的协助，更没有把奖金拿出一部分请客，所以大家虽然表面上不便说什么，但心里却感到不舒服，和他产生了隔阂，所以就和他作对了。

就事论事，这份杂志之所以能得奖，这位编辑贡献最大，但是当有"好处"时，别人并不会认为哪一个人才是唯一的功臣，总是认为自己"没有功劳也有苦劳"。所以他"独享荣耀"，就会引起别人的不舒服。尤其是他的上司，更因此而产生不安全感，害怕失去权力，为了巩固自己的领导地位，这位先生自然就没有好日子过了。

由于上司的白眼、同事间关系的冷漠，两个月后这位编辑就因为待不下去而辞职了。

这位编辑造成最后这种局面的根源还是在于他自己。谁让他忽略了别人的感受呢？其实每个人都认为别人的成功总有自己的功劳和苦劳的一份，而他却傻乎乎地独自抱着荣耀不放，别人当然不会为他如此自私的做法而感到舒服了。

1931年，因为卢瑟福在科学界的地位而被英国政府授予"勋爵"称号。他本人从来不把这些荣誉当作包袱，他声明说："我并不看重这个勋爵形式，因为它对我这样的科学家有明显的不利。"

卢瑟福从不掠人之美，他总是怀着无限感激的心情来记述那些曾经帮助过他的朋友和团体。例如1932年，他在《麦克吉尔新闻报》上发表的一篇文章中强调说："关于原子转变的第一个确切证明的荣誉是属于麦克吉尔大学的。"他还进一步指出，1902年至1904年两年间所积累的实验证据是索迪和他本人一起取得的，并且明确指出，"这个近年来激动人心的发现，它的第一步是在蒙特利尔完成的"。他从来都不把一切荣誉和成就都记到自己的功劳簿上，他认为："科学家不是依赖于个人的思想，而是综合了几千人的智慧，所有的人想一个问题，并且每人做它的部分工作，添加到正在建立起来的伟大的知识大厦之中。"卢瑟福就是靠着集体的智慧而在科学研究中才取得一个又一个的成就。

卢瑟福在皇家文学学会（该会后来授予他艾伯特奖章）的一次演讲中，详细论述了玻尔的原子结构学说，并且指出，在25年来，精确地说，从19世纪末开始算起，总共只有三个基本发现，即1895年的X射线、1896年的放射性和1897年为汤姆生所证实的电子。按照卢瑟福的这一看法，后来的一切科学研究工作，实际上都是来源于这三大发现。他所列举的三个重大的发现，竟然没有一个是属于他本人的——从这里，人们也可以再一次看到他那谦虚、纯朴的思想作风和高尚的情操。

把功劳和荣耀送给别人是一个聪明的做法，独自贪功是自私和愚蠢的，它会给你带来人际关系上的危机。

为了让这份荣耀为你带来益处，你需要做好这样几件事：

1.感谢

感谢同仁的鼓励、帮助和协作。不要认为这都是自己的功劳，尤其要感谢上司，感谢他的提拔、指导、授权。如果实际情况果真是如此，那么你的感谢就是应该的；如果同仁的协助有限，上司也不值得恭维，你也有必要感谢他们，这样做虽然勉强一些，但却可以使你避免成为靶子。

2.分享

口头上的感谢也是一种分享，这种"分享"可以无穷地扩大范围。另外一种是实质的分享，别人倒也不是要分你一杯羹，但是你主动的分享却让旁人有受尊重的感觉。

如果你的荣耀事实上是众人鼎力协助完成的，那么你更不应该忘记这一点。"实质"的分享有很多种方式，小的荣耀请吃糖，大的荣耀请吃饭，分享了你的荣耀，就不会有人和你作对了。

3.谦卑

人往往一有了荣耀就"忘了我是谁"地自我膨胀,这种心情是可以理解的,但旁人就遭殃了,他们要忍受你的嚣张气焰,却又不敢出声,因为你正在风头上。可是慢慢地,他们会在工作上有意无意地抵制你,不与你合作,让你碰钉子。因此有了荣耀,要更谦卑。要不卑不亢不容易,但"卑"绝对胜过"亢",别人看到你的谦卑,会说"他还蛮客气的嘛!",当然就不会找你麻烦,和你作对了。

谦卑的要领很多,但做到两点就差不多可以了:对人要更客气,荣耀越高,头要越低;别再提你的荣耀,再提就变成吹嘘了。事实上,你的荣耀大家早已知道,何必再提呢?如果你只想独自享受荣耀,那么总有一天你会自吞苦果。

好好说话

当你的工作和事业有了成就时,千万记得不要独自享受荣耀,要和大家一起分享。你能主动分享,就能让别人有被尊重的感觉。人心换人心,你能尊重他们,他们反过来也会尊重你。

不必太较真，琐碎之事少挑剔

凡事不能不认真，凡事不能太认真。一件事情是否该认真，这要视场合而定。钻研学问要讲究认真，面对大是大非的问题更要讲究认真。而对于一些无关大局的琐事，不必太较真。不看对象，不分地点刻板地认真，就会得罪人，就会给自己多设置一条障碍、多添加一道樊篱。

做人不能游戏人生，玩世不恭；但也不能太较真，认死理。"水至清则无鱼，人至清则无徒。"太认真了，就会对什么都看不惯，连一个朋友也容不下，就会把自己封闭和孤立起来，失去了与外界的沟通和交往。

桌面很平，但在高倍放大镜下就是凸凹不平的黄土高坡；居住的房间看起来干净、卫生，当阳光射进窗户时，就会看到许多粉尘和灰粒弥漫在空中。如果我们每天都带着放大镜和显微镜去看东西，恐怕世上没有多少可以吃的食物、可以喝的水以及可以居住的环境了。也就是说，如果用这种方式去看别人，世上也就没有美，人人都是一身的毛病，甚至都是十恶不赦的大坏蛋了。

人活在世上难免要与别人打交道，对待别人的过失、缺陷，宽容大度一些，不要吹毛求疵、求全责备，可以求大同存小异，甚至可以糊涂一些。如果一味地要"明察秋毫"，眼里揉不得沙子，过分挑剔，连一些鸡毛蒜皮的小事都要去论个是非曲直，整个输赢出来，别人就会日渐疏远你，最终自己就变成了孤家寡人。

凡能成就一番大事业者，无不具有海纳百川的雅量，容别人所不能容，忍别人所不能忍，善于求大同存小异，赢得大多数人。他们豁达而不拘小节，善于从大处着眼；从长计议而不目光短浅，从不斤斤计较，拘泥于琐碎小事。

多数人仅仅是在一些小事上较真，例如，菜市场上，人们时常因为几角钱争得脸红脖子粗，不肯相让。至于一台电视2000元和2100元的100元差价，人们经常就会忽略掉，不去较真。

要真正做到不较真，不是件很容易的事，需要善解人意的思维方法。有位顾客总是抱怨他家附近超市的女服务员整天沉着脸，谁见她都觉得好像自己欠她200吊钱似的。后来他的妻子打听到这位女服务员的真实情况。原来她的丈夫有外遇，整天不着家，上有老母瘫痪在床，下有七八岁的女儿患有先天的哮喘，自己也下岗了，每月只有两三百元的下岗工资，住在一间12平方米的小屋里，难怪她整天愁眉不展。了解了这些，这位顾客再也不计较她的态度了，而是想法去帮助她。

在公共场所，遇到了一些不顺心的事，也用不着去动肝火，其实也不值得去生气。素不相识的人不小心冒犯了你可能是有原因的，也许是各种各样的烦心事搅在一起了，致使他心情糟糕，甚至行为失控，偏巧又叫你给撞上了……其实，只要对方不是做出有辱人格或违法的事情，你就大可不必去跟他计较，宽大为怀。

假如跟别人较起真来，刀对刀、枪对枪地干起来，再弄出什么严重的事儿来，可真是太不值了。跟萍水相逢的人较真，实在不是明智之举；跟见识浅的人较真，无疑是降低自己做人的档次。

清官难断家务事，在家里更不要较真，否则真是愚不可及了。家人之间哪里有什么大是大非、原则立场可讲，动不动搞得就像阶级斗争似的，都是一家人，何至于此？所以在家庭琐事方面家是用来讲爱的地方，不是用来讲理的地方。大事化小，小事化了，去和稀泥，当一个笑口常开的和事佬。有位智者说，大街上有人骂他，他连头也懒得回，他根本不想知道骂他的人是谁,因为人生短暂而宝贵,还有更重要的事情需要去做,何必为这种令人不快的事情去浪费时间呢?

好好说话

提倡对某些事情不必太较真,可以"敷衍了事",目的在于有更多的时间和精力去做我们认为值得干的一些重要事情,这样我们成功的希望就多一分,朋友的圈子就能扩大几分。

心里能藏住事,不谈隐私话题

每个人都自己的隐私。比如,恋爱的破裂、夫妻的纠纷、事业的失败、生活的挫折、成长中的尴尬……这些都是自己过去的事情,不可轻易告诉别人。隐私是一种个人的收藏品,因为再好的朋友也可能由于某种原因感情破裂,如果他了解了你的隐私,那么到时你的秘密可能人尽皆知;如果我了解了他的隐私,他必定又会对你心存芥蒂、百般防范。所以,让他人了解自己的隐私和主动了解他人的隐私都有很高的危险系数。为慎重起见，你应该把与隐私有关的事物拒之于门外。与人交谈时，尽量不涉及隐私话题。

我们每个人在自己的内心里，都有一片私人领域，在这里我们埋藏了许多心事。心事是自己的秘密，只能留给自己，千万不要随便说出口，也许它会成为别人要挟你的把柄，到最后让你追悔莫及。

任愚在深圳一家公司工作，他和同事侯金私交甚好，常在一起喝酒聊天。

一个周末，任愚备了一些酒菜约了侯金在宿舍里共饮。两人酒越喝越多，话越说越多。

酒已微醉的任愚向侯金说了一件他对任何人也没有说过的事。

"我高中毕业后没考上大学，有一段时间没事干，心情特别不好。有一次和几个哥们儿喝了些酒，回家时看见路边停着一辆摩托车。一见四周无人，一个朋友撬开锁，由我把车给开走了。后来，那朋友盗窃时被逮住，送到了派出所，供出了我。结果我被判了刑。刑满后我四处找工作，处处没人要。没办法，经朋友介绍我来到深圳，好不容易才在这家公司找到工作。不管咋说，现在咱得珍惜，得给公司好好干。"

任愚在深圳踏踏实实干了三年后，公司根据他的表现和业绩，把他和侯金确定为业务部副经理候选人。总经理找他谈话时，他表示一定加倍努力，不辜负领导的厚望。

谁知道，没过两天，公司人事部突然宣布侯金为业务部副经理，任愚调出业务部另行安排工作岗位。

事后，任愚才从人事部了解到是侯金从中捣的鬼。原来，在候选人名单确定后，侯金便找到总经理，向总经理谈了任愚曾被判刑坐牢的事。不难想象，一个曾经犯过法的人，老板怎么会重用呢？尽管你现在表现得不错，可历史上那个污点是怎么也不会擦洗干净的。

知道真相后，任愚又气又恨又无奈，只得接受调遣，去了别的不怎么重要的部门上班。

任愚因工作认真、勤于思考、业绩良好被公司确定为中层后备干部候选人，这本来是他出人头地的一副好牌。可惜他不懂得出牌的奥妙，亮出了一张臭牌，无意间透露了一个属于自己的秘密而被竞争对手击败，终未被重用。

每个人都有自己的秘密，都有一些压在心里不愿为人知的事情，但总有些人守不住自己的秘密。同事之间，哪怕感情不错，成了哥们儿，也不要随便把你的事情、你的秘密告诉对方，这是一个不容忽视的问题。

你的秘密可能是私事、也可能与公司的事有关。如果你无意之中说给了同事，很快，这些秘密就不再是秘密了，它会成为公司上下人人皆知的故事。这样，对你极为不利，至少会让同事多多少少对你产生一点"疑问"，从而对你的形象造成伤害。

还有，你的秘密一旦告诉的是一个别有用心的人，他虽然不可能在公司进行传播，但在关键时刻，他会拿出你的秘密作为武器回击你，使你在竞争中失败。因为一般说来，个人的秘密大多是一些不甚体面、不甚光彩甚至是有很大污点的事情。这个把柄若让人抓住，你的竞争力就会大大削弱。

既然秘密是自己的，无论如何也不能对同事讲，你不讲，保住属于自己的隐私，没有什么坏处；如果你讲给了别人，情况就不一样了，说不定什么时候别人会以此为把柄攻击你，使你有口难言。

 **好好说话**

在现实生活中,如果要想成为赢家,一定要严守自己的秘密,不可轻易亮出自己的底牌,务必做到"守口如瓶"。与人推心置腹,可以赢得朋友。但你若滔滔不绝,忘了留点隐私和机密,你的祸端就可能由嘴产生。

第五章

套用8种形式，在各种场合学会说服人

刚柔并用式

刚柔并用的方法在游说活动中很有用处。虽然说游说活动是友善的、温和的，应该用平等、宽容的态度，循循善诱，娓娓而谈，然而，如果温柔过分，在别人看来，就变成了软弱。软弱的人，容易受到别人的欺凌，容易吃亏。所以，在必要的时候，应该在言语中加入一些"刚硬"成分，使对方无形之中感到一种威慑力量。

公元前656年，以齐国为首的八国集团攻打楚国，楚成王派大夫屈完迎敌。屈完来到齐营，见过齐桓公后问道："齐楚两国相距遥远，不知大王带着部队到我国的国土上来有何事？"

齐桓公语塞，管仲代为回答说："你们楚国为什么这段时间不按时向周王进贡，而且，周昭王南征时死在汉水，听说也与你们楚国有关。现在，我们前来就是要讨个说法。"

屈完说："没有朝贡，这是因为周王室已经衰弱，天下诸侯都这样，不只是我们楚国。至于昭王南征死在汉水，责任在汉水，你们去向汉水讨说法吧。"

桓公见屈完的口气强硬，感到楚国已有准备，便让军队驻扎在陉地，并邀请屈完参观齐军的威势。在车上，齐桓公对屈完说："我们此行不是为了攻打楚国，而是想同你们修好。"屈完也十分客气地答道："托您的福，若宽容我君，这正是我们的愿望。"桓公又指着诸侯的军队说："寡人有这样的军队，用这样强大的军队去打仗，谁能抵挡？"屈完见桓公在炫耀武力，说道："君之所以能成为诸侯的盟主，是因为能以德服诸侯。您若用德义来安抚诸侯，谁敢不服？如果您用武力来威胁我们，我们楚国人就会把方城山当作城垣，把汉水当作护城河，这么高的城垣，这样深的护城河，您的兵虽多也派不上用场。"

屈完这番不卑不亢、刚柔相济的回答，使齐桓公感到不能用强力使楚国屈服。第二天送走屈完后，八国集团便撤退了。

在这场交锋中，屈完刚柔并用，有理有节，终于使诸侯军队自动退去。

人的个性千差万别，对说服的敏感程度也不相同。运用刚柔并用的方法时，要视对方性格而定，有所侧重。有些人自我意识淡薄，不敢正视现实，对这些人，应猛击一掌，大喝一声，用尖锐、严厉、刚正、激励的语言，使其猛醒。对这种人，说服时以刚为主，以柔为次。有些人自我意识强烈，脾气暴躁，对这些人，应用和风细雨的腔调，以推心置腹的情感来说服他。

好好说话

说服时可以用刚言，但不能太刚，太刚就容易走向残暴，造成双方关系紧张；说服时可以用柔言，但不能太柔，太柔就容易失去力量，无法收到预期的功效。刚柔结合，两手并用，才能增强说服力量。

标志效果式

每个人对自己的优点多少都有点自负心，而且很希望得到别人的承认。如果能善于利用人的这种欲求来说服之，对方即可让你掌握，依照你的期待去行动。

例如：你对一个小孩说："你很聪明，又肯用功，功课一定愈来愈好。"这个小孩就会如你所愿，努力做个好孩子。相反地，如果你对他说："笨蛋，你什么事都做不好，有什么用！"孩子也会依你所说的，愈来愈差，终至成为一个坏孩子。这种心理趋势，称之为"标志效果"或"角色形象效果"。

每个人都很容易受到别人所给他的"标志效果"的影响。好的"标志"，可以引发一个人的潜力；坏的"标志"，也会将一个人导入歧途，这是利用心理学的暗示效果。这种效果也适用于初次见面的场合，如果你希望对方是个有决断力的人，那么，不管他是不是这种人，你都可以给他冠上"你是个做事很有决断力的人"，对方的自尊心得到满足，便不得不按照你为他贴上的"标志"去行动，也就是说，他会受到这个标志的约束。

"要一个人有优点，就得让这个人去担负这项优点"，这是英国首相丘吉尔的名言。最了解这项心理构造的，便是设法使嫌疑犯认罪的刑警。例如："你本来不是个会杀人的坏人，你的邻居也都说你很孝顺，但是你这样闷声不语，最伤心的还是你母亲，你是要做个孝顺儿子，还是让母亲伤心……"这番话给这位犯人冠上"孝顺"的标志，他也就会采取"孝子"的行动了。

人都有趋善心理。人们希望自己是善良、受人尊敬、被人爱戴的。而借助于这种高尚动机，把形象设计的标尺定高一点，就可以促使别人去扮演高尚的角色。

有这么一件事：

一位妇女带着个小孩上了火车，车上位子已被坐满，而这位妇女旁边，一位小伙子却躺着睡觉，占了两个人的位子。孩子哭闹着要座位，并指着小伙子要他让座，小青年装作没听见。这时，小孩子的妈妈说话了："这位叔叔太累了，等他睡一会儿，他就会让你的。"几秒钟后，小青年起来客气地让了座。

显而易见，这个青年开始并不"高尚"，甚至算不上讲道德，但他后来为什么转变了呢？就是因为小孩妈妈给他设计了一个高尚的角色：他是很善良的人，只是由于过度劳累，而无法施善行。趋善心理使小伙子无法拒绝扮演这个善良的角色——确切地说，他是乐意扮演的。

无论人性本善或本恶或本无，人都不愿意自己被认为恶。连刽子手、战犯、政治流氓都要借助于一些高尚的名词粉饰自己，对于那些有小错误的普通人难道有必要加个罪名，将其一棍子打死，然后让他在众人的冷眼怒目中自暴自弃吗？多一份鼓励和信任，辅助以适当的疏导，对方会尽量克服自己的弱点去报答你的赞美的。

借助高尚的动机，使人们产生一种使自己的行为与对方评价的角色效果相一致的欲望，他可能表现得比他本人更高尚、更公正。

假如有人到你柜台上买东西，他已经挑了十来次，现在他又提出了同样的要求，怎么说服他痛快地购买呢？"我相信，您本意并不想挑三拣四，只是为了促使我们对我们店的商品质量及我们店的信誉负责。"结果怎样？他买了东西，高兴而归，而且绝不会说它差，因为他要实验你给他的"角色形象"。

好好说话

把好的可能培植在善良的土壤里，把坏的可能断绝于萌芽状态，这就是用高尚动机进行角色形象设计的妙处，也就是所谓的"标志效果"。

层层剥笋式

人的思想是复杂的,对某一事物不理解,想不通,往往是疑虑重重,非一点即通,而须像剥笋一样,把握脉络,层层递进,穷追不舍,把理说透。这就是层层剥笋法。

说到层层剥笋,人们往往会想起列宁用这种方法说服美国西方石油公司董事长兼总经理哈默的事。

哈默于1898年生于美国纽约市。18岁那年,哈默接管了父亲的制药厂,当上了老板。由于管理有方,制药厂买卖兴隆,收入大增,几年之后,22岁的哈默就成了百万富翁。

1921年,他听说苏联实行新经济政策,鼓励吸收外资,就打算去苏联做买卖。他想,在苏联目前最需要的是消灭饥荒,得到粮食。而这时美国粮食正值大丰收,一美元可买到35.24升大米,农民宁肯把粮食烧掉,也不愿以这样的代价送往市场出售。而苏联有的是美国需要的毛皮、白金、绿宝石,如果让双方交换,岂不是很好吗?哈默打定了主意,来到苏联。

哈默到达莫斯科的第二天早晨,就被召到列宁的办公室。列宁和他做了亲切的交谈。粮食问题谈完以后,列宁对哈默说，希望他在苏联投资，经营企业，哈默听了，默默不语。为什么呢？因为西方对苏联实行新经济政策抱有很深的偏见，搞了许多怀有恶意的宣传，使许多人把苏维埃政策看成可怕的怪物。到苏联经商、投资办企业，被称作是"到月球去探险"。俗语说，谣言可以铄金。哈默虽然做了勇敢的"探险"者，同苏联做了一笔粮食交易，但对在苏联投资办企业一事，仍心存疑虑。

明察秋毫的列宁看透了哈默的心事。他讲了实行新经济政策的目的，告诉哈默："新经济政策要求重新发展我们的经济潜能。我们希望建立一种给外国人以工商业承租权的制度来加速我们的经济发展。"

经过一番交谈，哈默弄清了苏维埃政权的性质和苏联吸引外资办企业的平等互利原则，很想干一番。但是说着说着，又动摇起来，想打退堂鼓。当列宁听出哈默担心苏联政府机关人员办事拖拉时，立即安慰说："官僚主义，这是我们最大的祸害之一。我打算指定一两个人组成特别委员会，全权处理这一事务，他们会向你提供你所需要的帮助。"

列宁看哈默的眼神里还流露着不放心的意思，就索性把话说得一清二楚："我们明白，我们必须确定一些条件，保证承租的人有利可图。商人不都是慈善家，除非觉得可以赚钱，不然只有傻瓜才会在苏联投资。"没过多久，哈默就成了第一个在苏联经营租让企业的美国人。

好好说话

列宁对哈默的一连串的不解、疑虑，像剥笋一样逐个加以分析，斩钉截铁、干脆利落毫不含糊，把政策交代得明明白白，使得哈默的心好像一块石头落了地。这就是"层层剥笋法"的奇效。试想，如果列宁只是简单地向哈默做些保证的允诺，效果肯定不会像这样好。

添加佐料式

大凡厨师都有这样的经验：要使菜肴美味可口，要注意适加佐料。说服也是这样，你在说服别人时，恰到好处地添上一句歇后语，往往能起到意想不到的效果。

歇后语，又称俏皮话、巧语、谐谑语。它是一种特殊的语言形式，前部分譬语像谜面，后部分解语像谜底。它通过含蓄幽默的比喻，夸张而精确地把抽象的道理讲得明明白白，富有启发性，而且诙谐风趣，言简意赅，通俗易懂，容易入心。

某塑料厂宣传干事刘某和妻子雪琼燕尔新婚，星期天一同去逛街，不料在一林荫道的拐弯处，迎面遇上刘某从前的恋人张莉，刘某感到慌乱，而对方也冷冷地看着他们，此时，只见雪琼主动走上前打招呼道："这不是张莉姐吗？你好！今天可是一滴水滴在香头上，碰得这么巧。咱姐俩难得见面，正好，一起走吧。"一番话，说得张莉破脸而笑，忙摆手："谢谢，不用了，我还要到那边看看。"雪琼不愧为一名聪明伶俐的女性，她的出面不仅解了丈夫的围，而且她得体的称呼，客气的话语，特别是巧妙加进的歇后语"佐料"，说得张莉不好意思，心中积怨也顿时化解。

有一对结婚八年的夫妻闹离婚，拉拉扯扯来到司法办公室，调解员了解情况后，看了看他俩说："看你们一个英俊潇洒，一个美玉无瑕，真是挑水的娶了卖茶的——如此般配，我敢说，天上的牛郎织女都羡慕你们，你们倒为点小事要离婚，你们不觉得太轻率了吗？"

进来时气鼓鼓的夫妻被调解员的一席话,说得不好意思地低下了头。调解员趁火候继续劝道:"你们的孩子还小,他需要得到父爱和母爱,如果都胳膊肘往外弯——只顾自己,孩子长大了,知道他们的父母为点小事赌气,抛弃了他,会怨恨你们一辈子的。"

夫妻俩面面相觑,欲言又止。调解员站起来笑吟吟地说:"都回去吧,以后再不要跨进这门,进这门可不是闹着玩的。"一场风风火火的离婚就这么劝住了。

从上例可以看出,这位调解员口才不错,且很会说服,也善用诙谐幽默的歇后语来调和那对夫妻间的紧张气氛,从而成功地化解了一场婚姻危机。

在工作中,上级在说服部下时,也可以用歇后语做点缀,从而取得好的效果。

某企业一名员工因未调上工资,气势汹汹地闯进厂长办公室,大声叫嚷。厂长一声不吭,待他闹劲消停时,便说:"小李,你知道这次为什么没调上你的工资吗?"员工说:"不就是玩麻将吗?玩玩有什么不行?"厂长语重心长地说:"我不反对青年人玩,但是要玩得正当、有意义。你那天晚上一下子把一个月的工资输光,你妻子哭哭哭啼啼找到我,要我劝你。按理说,这是赌博,你属于公安局的禁赌对象。念你初犯,没给你处分;之所以没升你工资,是想让你从中吸取教训。赌博这玩意可害人哪,弄不好,到头来门神店失火——人财两空。那时,厂里可担当不起呀!"员工没词了,低下头沉思着。厂长拍拍他的肩膀:"好好干活去吧,今年的奖励升级我可等着你啦!"

员工听了,心服口服,满怀希望地走上了工作岗位。

好好说话

歇后语作为说服的"佐料",一定要用得恰当,即做到适时、适地且符合说话人的身份,才能收到好的效果。

先承后转式

先承后转,即把对方的话题先承接下来,表示一定程度的赞同,这能缓解对方的强硬态度,使他愿意听取你的意见。但要掌握一个原则,不能把自己的态度完全等同于对方。然后,再进行转折,改变对方的某些看法,使对方比较愿意接受。因为在现实生活中，经常遇见的不是绝对对立的是与非、正确与谬误，所以承接对方的话题是必要的，这很容易形成态度的缓冲过程，然后再逐渐地转向，使对方改变主观意见和态度。

许多人在劝说别人时，都想证明自己是百分之百正确，而对方的所有观点都是错误的。其实，精明的劝说者总是就某些事情做些让步，并找出某些一致的观点。

对方提出某种观点，总有一定的理由，不会毫无道理。因此，你首先必须给予承认：

"是的，你在那件事情上当然是正确的，但是另一面……"

"是的，我能理解为什么你会这样想，但是……"

"是的，我知道你在那里干得不错，但是你是否考虑过这个呢？"

采取这种"是的……但是"的技巧，温和而准确地陈述你的情况和理由，使他觉得按你这么推理更有道理，他就会心悦诚服地赞同你的观点。

这种"是的……但是……"的方法，虽然有点像小学生的作文，但却妙不可言。

"是的……但是……"的方法是委婉的说服技巧，虽然最后你是拒绝他，可是对方会觉得你有接受他意见的心意，并不会太在意。

有次，一位素昧平生的女人，约一个学生于某咖啡厅见面。经过一阵交谈，才发现那女人原来是推销英文会话录音带。虽然学生想中途离去，但对方说话的技巧，令他无力招架。

学生告诉她：我想到补习班去学习英文。当学生想以此话拒绝时，那女人立即回答："不错，正如您所说一样，在补习班学效果最佳，但这套教学录音带，正是采用了补习班的教学方式。"学生又反驳道："价钱太高了。"

对方回答："不错，正如您所说，价钱是高了些，但为了发挥与补习班同样的教学效果；我们花了相当多的苦心，由于这是昂贵的产品，因此可采用分期付款的购买方式，我们有良好的售后服务，保证让您满意。"对方反复地附和该学生的言语，让其非买不可。

好好说话

这番对话的特色，在于女推销员反复肯定地接下对方的话头,再巧妙地道出自己的主张。客户方面,由于自己的话被对方接下,认为自己受到了肯定与接纳,而中了圈套。

若面临的是不肯轻易论及婚嫁的自立女性,这时,聪明的男士可能会说:"如你所说,我也极关心女性的自立,但我认为结婚反而对女性自立有所帮助。也许通过婚姻生活来探讨女性的自立,才是不落俗套的奇特女子。"如此迎合女子的主张,再慢慢导入自己的意见,则很容易让女性丧失抗拒心理,最后被迫承认男子的主张是正确的。

引蛇出洞式

有句古语叫作"引蛇出洞",说的就是一种"出其不意,攻其不备"的说服术。这里"引"是手段,"出"是目的,对方将自己防范得紧紧的,你又怎能引诱出来呢?只有麻痹对方,松懈其意志,敞开其心胸,这才能谈得上引诱"蛇"出"洞",实现其目的。这是引"蛇"出"洞"法的一个基本特点。

据说鬼谷子是先秦时纵横学派的一大宗师，同时，也是兵家神秘的一代祖师爷。相传他在青溪山上向庞涓、孙膑传授谋略与兵法时，一天，他有心想测试一下两位弟子这一阵子学得如何，便坐在一个山洞里向两人问道："你们谁有本事骗我走出洞外？"庞涓便抢先一步连哄带吓，甚至扬言要放火烧荒。不论他如何威吓，鬼谷子都安然不动，因为他知道庞涓是要把他弄出洞去，所以防范得很紧。

孙膑却反其道而行之，承认自己愚笨，说无论如何是无法将老师骗出洞外，不过，他接着说：如果老师是在洞外，他倒有办法骗老师走进洞来。鬼谷子听后当然不信，便信步朝洞外走去，谁知他的脚刚一踏出洞外，孙膑便在背后高兴地拍掌叫道："老师，我这不是把您请出洞外了吗？"孙膑哪里愚笨，他是布下圈套让老师钻——鬼谷子果然上当受骗。为什么呢？因为孙膑先说自己愚笨，使鬼谷子放松了警惕，疏于防范。"让一步等于让了一百步"，此言不谬。

如果你被对方侵入了警戒线，警戒心反而在无意识之中减弱了，一些狡猾的诈骗犯通常就是利用人的这种心理弱点，施放狡猾的说服烟雾，使一些善良的人们不知不觉地屡屡上当。

有则外国小故事说：有个叫米勒的人听到一个鞋匠夸口

说，谁也骗不了他。于是，米勒想试一试他的深浅。

这天，米勒在街上碰到了这个鞋匠，便拉住他说："你在这里站着等我一会儿，我马上就来，让你看看我是怎么骗你的。"说完，米勒便走了。

鞋匠真的以为米勒会转回骗他，心想，我还倒要看看你有什么骗人的高招。结果他在街上等了好几个小时，也没看见米勒转来。正当他等得实在不耐烦时，他的一个朋友走了过来。

"鞋匠，你在这傻站着干什么？"

鞋匠便把遇到米勒的事告诉了这位朋友，他的朋友听后哈哈大笑起来："你真傻，上了人家的圈套还不知道，米勒把你骗了，他根本就不会回来了。"

伊索寓言里也有这样一个故事：

有一次，北风与太阳争辩谁比谁更厉害，互相僵持不下，突然发现地面上有一个穿着外套的行人。

"我看要不这样，"太阳说，"谁先让这个行人脱掉外套，谁就得胜。"

"我完全同意，"北风说，"但是要让我先来。"

"那是自然。"于是太阳就隐藏到云的后面去，北风立刻呼呼吹起了冷风，它吹得越厉害，行人反倒把外套裹得越紧了,北风无计可施,只好歇手了,且退一旁看太阳如何使招了。

这回,轮到太阳露脸了,它使尽了力气,拼命地射向那个行人。行人酷热难当,就把外套松开了,不一会儿,干脆全部脱掉,躲避到一片树荫下,躺着休息去了。

这样,太阳得胜了。由此可知,引"蛇"出"洞",热手段较高一筹。

好好说话

交谈过程中,要想说服对方,不但要注意自己的谈话方式,还要观察与揣摩对方的听话方式。看对方的听话态度如何,留心对方的表情与举动,看对方是否在认真听你说话。如果你说得天花乱坠,对方听得昏昏欲睡,这样的谈话效果就太差了。

先大后小式

我们知道,许多人考虑问题不外乎两种方法,一是从大前提着想,另一个是从细节着想。掌握了这种心理因素,就能顺利地说服对方。比如，我们可以先说："细节问题我们稍后再谈"，以此先引出其中较易使对方接受的十分之七的大前提部分，至于其他十分之三容易引起争论与检讨的细节部分，可以稍后再论。

"为了顾全大局……""为了全体的利益……"，这些话对方听后，不但原则上会同意，同时还十分感兴趣，我们便可趁机提出其余的焦点问题，反复说："完全""全部"，夸张仅有的一致点，使对方心中防御的心理松懈，最后不得不同意。

另外，"先大后小"法还能这样应用，即先向被劝说者提出一个较大的要求，待他拒绝后，再提出一个较小的要求，他可能就会接受。比方说，你想说服别人借给你300元钱，你可以先向他提出借1000元的要求，遭到拒绝后，待他向你解释原因时，你就可以说："既然1000元很难拿出手，那借300元总还可以吧。"这样，他就有可能会答应你这一较小的要求，被你顺利地借到300元钱。

在西方的企业中，工会在为工人向资方斡旋时，都会为加薪之事形成拉锯战，劳方期望能大大提高薪水，资方却希望不要加太多的薪水。双方总是要经过多次的斡旋与沟通才能达成协议。

事实是，劳资双方在谈判前，彼此早就有一个预估的标准，但他们为什么不一次提出，而总要对方再尽可能地提高或减少，然后再来"杀价"，这样来来回回的，时间不是太浪费了吗？最主要的原因是，采用拉锯战的谈判方式来探索对方的最低限度。

同样的道理，说服部下接受某项工作时，也可采用这种方法："今天做不完也没关系，只要明天做完就行了。""比预定的目标低一点，也没有关系。"先提高目标，再慢慢让步，对方就会不好意思拒绝。

每个人都试图给他人留下一个比较好的印象，使人感到他是一个好人。如果他发现自己的某些行为没有达到这一目的，引起了不良反应，那他应会改变自己的行为，以纠正人们对自己的不良印象。社会心理学把这种心理现象称之为"背后鞠躬"效应。很显然，当你提出了较大要求的时候，对方是很难办到的，但是，拒绝了你这一要求，又意味着得罪了你，给你留下了不好的印象。这时，你再提出一个较小的要求，就等于给了他一次纠正不良印象的机会，从维护自己尊严的角度考虑，他也有可能从命，答应你的要求。

好好说话

当你采用先大后小的方法劝说别人的时候,你已经不自觉地运用了"障碍法",即把对方的注意力从"拒绝不拒绝的问题"巧妙地引到了"拒绝多少"的问题上去了。

逆反效应式

利用人的逆反心理,可以增强信息的可信度,改变人的态度。所谓逆反心理,就是反其道而行之的心理态势。例如,越是短缺的商品,人们越是千方百计地购买;某篇文章被批评了,某本书被禁止发行了,人们越是争相传阅,以求先睹为快;告诫小孩子不要玩手机游戏,反而会促使他们偷偷地玩乐。

人们的逆反心理是多种因素引起的,其中好奇心是一个主要因素。把某项活动搞得越神秘,人们就越感到好奇,从而引起人们的关心和注意,产生种种猜测,并千方百计去打听它,想方设法得到它。"禁果分外甜"就是这个道理。

在改变人的态度时，根据逆反心理这一特点，把某种劝说信息以不宜泄露的方式让被劝说者获悉，或以不愿让人们多得的方式出现，就有可能使被劝导者更加重视这一信息，并毫不怀疑地接受它。土豆从美洲引进到法国的历史就很耐人寻味，它说明利用逆反心理能成功地改变人的态度。

法国在很长时间内都没有推广土豆的培植。宗教界称土豆为"鬼苹果"，医生认为他对人体健康有害，农学家则断言土豆会使土地变得贫瘠。著名的法国农学家安瑞·帕尔曼彻在德国当俘虏时，亲口吃过土豆。回到法国后，他决心要在自己的故乡培植它，可是很长时间他都未能说服任何人，于是他耍了一个花招，在国王的许可下，他在一块出了名的低产田里栽种了一批土豆。根据他的要求，由一支身穿仪仗队服，全副武装的国王卫士看守这块土地。但这些卫士只是白天看守，到了晚上就全部撤掉了。这时人们受到禁果的引诱，每到晚上都来偷挖土豆，并把它栽在自己的菜园里。土豆就这样在法国得到了推广。

这说明，越是对人劝说，有时人们越不接受；越"不想对人劝说"，反而越能成功地劝说人们。

有家电视台的妇女时间节目颇受主妇们的欢迎，尤其是有关人生、婚姻、恋爱等疑难问题的解答收视率极高。人们对这些疑难问题的颇感兴趣，引起人们注意的是，提出问题者与解答者之间妙趣横生的对白。事实上，解答者巧妙说服提出疑难者的过程，比任何电视连续剧更具震撼力且引人入胜。如果从心理学上来探讨，这样的节目有相当的可视性。

这些聪明的解答者所采取的共同手法，就是利用"逆反效应"，以否决对方来动摇疑难者的决心。比如你的朋友商量是否该与丈夫离婚，如果对方附和说："像这么卑鄙的男人，趁早一刀两断吧！"那么，你怎么想呢？

好好说话

由于自己的主张过分干脆地被接受，此乃意想不到的事，因此可能会中断对丈夫的抨击。非但如此，有些提出问题者，反而会发怒而找解答者算账。也许有些人的态度180度地转变，告诉对方说："不！我丈夫也有好的一面。"如此而回过头来替丈夫辩护。或许解答者早已料到提出问题者的反应，因此会说："那么回去与丈夫好好谈谈吧！"

第六章

消除12种负能量,别输在不会说话上

不固执，少一点自以为是

固执，即固执己见。不愿倾听别人的意见、深入了解事实的全貌，认为只有自己说的话是永恒不变的真理。这种自以为是的态度不仅会失去了解更宽广的世界，也会显得拒绝和别人沟通、不相信别人。

没有几个人具有逻辑性思考的能力。我们多数人都具有武断、固执、嫉妒、猜忌、恐惧和傲慢等缺点，所以我们很难向别人承认自己错了。而且，一个人说错话或者做错事，总是有原因的，所以我们即使明知自己错了，也会强调客观原因，认为错得有理。

正如美国心理学家罗宾森教授在他的《下决心的过程》所说：

"我们有时会在毫无抗拒或热情淹没的情形下改变自己的想法，但是如果有人说我们错了，反而会使我们迁怒对方，更固执己见。我们会毫无根据地形成自己的想法，但如果有人不同意我们的想法时,反而会全心全意维护我们的想法。显然不是那些想法对我们珍贵,而是我们的自尊心受到了威胁……'我的'这个简单的词,是做人处世的关系中最重要的,妥善运用这两个字才是智慧之源。无论说'我的'晚餐、'我的'狗、'我的'房子、'我的'父亲,还是说'我的'国家或'我的'上帝,都具备相同的力量。我们不但不喜欢说我的表不准,或我的车太破旧,也讨厌别人纠正我们对火车的知识……我们愿意继续相信以往惯于相信的事,而如果我们所相信的事遭到了怀疑,我们就会找借口为自己的信念辩护。结果呢,多数我们所谓的推理,变成找借口来继续相信我们早已相信的事物。"

当我们犯了错误时,并非意识不到犯了错误,只是顽固地不肯承认而已。所以,当你对一个人说"你错了"时,必然撞在他固执的墙上。

有一位先生,请一位室内设计师为他的居所布置一些窗帘。当账单送来时,他大吃一惊,意识到在价钱上吃了很大的亏。

过了几天,一位朋友来看他,问起那些窗帘时,说:"什么?太过分了。我看他占了你的便宜。"

这位先生却不肯承认自己做了一桩错误的交易,他辩解说:"一分钱一分货,贵有贵的价值,你不可能用便宜的价钱买到高品质又有艺术品味的东西……"结果，他们为此事争论了一个下午，最后不欢而散。

一对小夫妻常为吃梨子发生争吵。妻子怕皮上沾了农药有毒，一定要把果皮削掉，而丈夫则认为果皮有营养，把皮削掉太可惜。因为他们常吃梨子所以也就常争吵。

有一次，这对小夫妻争吵时，被他们的老师赶上了。老师了解实际情况后，对那位妻子说："你先生这么多年都吃未削皮的梨子，身体还很健康，你担心什么？"老师又对那位丈夫说："你太太不吃皮，你嫌她浪费，那你就把她削的果皮拿去吃了，不就没有事了？"夫妻二人听着听着低下了头。

老师接着说："由于不同的家庭环境以及不同成长过程的影响，每个人的生活习惯会有所不同。因此，你们不要勉强对方来认同自己的习惯，同时你们也要体谅和适应对方的习惯。"听了这几句话，夫妻二人恍然大悟。

偏见往往会使一方伤害另一方，如果另一方耿耿于怀，那关系就无法融洽。反之，受损害的一方具有很大的度量，能从大局出发，这样会使原先持偏见者，在感情上受到震动，导致他转变偏见，正确待人。

一个年轻人因受不了妻子近来变得忧郁、沮丧，常为一些小事对他吵吵嚷嚷，甚至打骂孩子。他无可奈何之下只好躲到办公室，不想回家。

有位经验丰富的长者，见他这样，就问他最近是否与妻子争吵过，年轻人回答说："为装饰房间争吵过。我爱好艺术，远比妻子更懂得色彩，我们特别为卧室的颜色大吵了一架，我想漆的颜色，她就是不同意，我也不肯让步。"

长者又问："如果她说你的办公室布置得不好，把它重新布置一遍，你又如何想呢？"

"我绝不能容忍这样的事。"青年回答说。

长者却解释说："办公室是你的权利范围，而家庭以及家里的东西则是你妻子的权利范围，若按照你的想法去布置'她的'厨房，那她就会和你刚才一样感觉受到侵犯似的。在布置住房上，双方意见一致最好，不能用苛刻的标准去要求她，要商量，妻子应该有否决权。"

年轻人恍然大悟，回家对妻子说："一位长者开导了我，我百分之百错了，我不该把我的意志强加于你。现在我想通了，你喜欢怎样布置房间就怎样布置吧，这是你的权利，随你的便吧。"妻子听后非常感动，两人言归于好。

夫妻生活也和其他人际关系一样，对那些不尽如人意的地方，只有采取豁达宽容的态度，才能有助于矛盾的解决。世界本来就很复杂，什么样的人都有，什么样的思想也都有。如果你事事要求别人按你的想法去做，那只能失去朋友，自己堵住自己的路。

好好说话

当我们不愿承认自己错了的时候，完全是情绪作用，跟事情本身已经没有关系。当我们错的时候，也许会对自己承认。如果对方处理得很巧妙而且和善可亲，我们也会对别人承认，甚至以自己的坦白直率而自豪。但如果有人想把难以下咽的事实硬塞进我们的食道，那我们是决不肯接受的。既然我们自己是这种习性，那么也可以理解别人也具有同样的习性，因此不要把所谓"正确"硬塞给他。

不卖弄，没有谁比谁更聪明

如果凡事都一无所知，心里便容易产生唯恐落于人后的压迫感，这也是人们常见的心态。在绝不服输或"输人不输阵"的好胜心作祟下，一些一知半解的人处处装腔作势不懂装懂，以此来保全自己的面子。这样的人并非是直率，就连简单的事他都要咬文嚼字地卖弄一番，看起来好像是很精于大道理，一副什么都懂的样子，说穿了只是由于强烈的自我表现欲所产生的虚荣心在作祟。

在生活中，有些人乍看之下很平凡且没有可贵之处，而经过认真的交谈之后，就能够很直接地被其内心的思想所感染。这种人待人往往坦诚直率，所使用的词汇也往往简单明了。朋友关系必须建立在真诚之上，花哨不实的言论只适合逢场作戏，朋友是靠互相感动、吸引，而不是硬性地逼迫对方接受自己的意见。为了强硬地使对方接受自己的意见，卖弄一些偏僻冷门的词汇，来表现自己的水平高人一等，这在对方看来，只觉得和你格格不入而无法接受你。

不难看出，越是爱表现的人，越是无法精通每件事。交朋友应该是互相地取长补短，别人比自己专精的地方就不耻下问，即使是自己很专精的事，也要以很谦虚的态度来展现实力，这样才能说服他人。

所谓很谦虚的态度，是指对于自己专精的事物，不妨表示一下自己的意见，只是说话技巧要高明。

有一次，一位外国人去旁听一位美国加州大学著名教授的演讲。课上他提出他做的老鼠实验的结果。此时，有一位学生突然举手发问，提出了他的看法，并问这位教授假如用另一种方法来做，实验结果将会如何。所有的听众全都看着这位教授，等着看他如何回答这个他根本就不可能做过的实验。结果，这位教授却不慌不忙，直截了当地说："我没做过这个实验，我不知道。"

当教授说完"我不知道"时，台下响起了经久不息的掌声。

心理学家邦雅曼·埃维特曾指出，平时动不动就说"我知道"的，不善于同他人交往，也不受人喜欢；而敢于说"我不知道"的人，显示的则是一种富有想象力和创造性的精神。埃维特还说，如果我们承认对某个问题需要思索或老实地承认自己的无知，那么我们自己的生活方式就会大大地改善。这就是他竭力提倡的态度，人们可以从中得到益处。

在一个著名烹调师的妻子举行的一次晚宴上，布朗先生在和女主人以及另一位男宾交谈时，发现女主人的神情不那么自然。

忽然，女主人指着桌子上一个黑色金属用具——看上去像一种电动烤肉铁架——说道："这种特别的工具是用来做'热吃干酪'的，你们知道'热吃干酪'是怎么回事吗？"

布朗先生刚想说知道，那位男宾叫了起来："是吗，完全不知道。什么是'热吃干酪'？是牛排的一种新吃法吗？"

听到这些话，女主人露出了微笑。她向客人做了详细介绍，而且渐渐地变得喜笑颜开了。

听完这些，布朗先生才恍然大悟，原来"热吃干酪"并不像自己所想的是一种什么奶酪三明治，而是干酪火锅的一种吃法。这一课使布朗先生受益匪浅：不但弄清了一件原以为知道的事情的本来面目，更重要的是，布朗先生看到了自己身上的一个主要缺点，那就是以为自己什么都知道。

抱着一种学习的心态与人交往，不但显示了你的谦逊，而且你确实也能学到不少东西。

现代社会可以说是一个高度复杂的信息时代，每个人所吸收的知识都不可能包含万事万物。若没有虚心的态度与人交往，如何能够受到大家的欢迎；凡事都自以为是的人，必然得不到大家的尊敬。

因为不论是不懂装懂或是真的无知，都同样有损交际范围的扩展。

有位杂志社社长，不管是什么场合他总喜欢装腔作势，故意地降低自己的声调来表现庄重的样子。不但如此，他也总是一副无所不知的样子，这种姿态让人觉得他好像在做自我宣传。然而不论他再怎么装腔作势，夹着再多的暗示性话语或英语来发表高见，还是得不到他人的认同。而这位仁兄所出版的杂志或周刊，也永远上不了台面。

他所出版的刊物，总是被人批评为现学现卖、肤浅的杂学之流，这是因为他对任何事都喜欢来评判。当他一开口说话，旁边的人就说："天啊！又要开始了。"然后便咬着牙，万分痛苦地忍着。这和说大话、吹牛并无不同。自己本来没有高人一等的智慧，却装出一副什么都知道的样子，会被人看作是虚张声势的伪君子。

在朋友关系中最令人敬而远之的，就是那种总是不懂装懂的人。承认自己也有不知道的事并不丢人，为了要自抬身价而不懂装懂，一旦被对方看穿，反而会令对方产生不信任感而不愿与你交往。

好好说话

"闻道有先后,术业有专攻",每个人都有自己的专长,不可能每件事都很精通。所以,在人际交往中一定要保持一个良好的心态,切忌不懂装懂。

不暴躁,别让情绪掌控舌头

医生说,每一次生气,人体所付出的代价,相当于辛苦工作八个小时。这是生气对自己造成的损害,然而,生气之时的恶言恶语还有可能对别人造成更大的损害。语言可以伤人于无形,你一时不经大脑,脱口而出的话语,有可能成为别人终生的阴影。

一名初探歌坛的歌手,他满怀信心地把自制的录音带寄给某位知名制作人。然后,他就日夜守候在电话机旁等候回音。

第一天,他因为满怀期望,所以情绪极好,逢人就大谈抱负。第十七天,他因为情况不明,所以情绪起伏,胡乱骂人。

第三十七天，他因为前程未卜，所以情绪低落，闷不吭声。第五十七天，他因为期望落空，所以情绪坏透，拿起电话就骂人。没想到电话正是那位名制作打来的。他为此而毁了期望，自断了前程。

我们在为这名歌手深深惋惜的同时，也更深刻地明白了不良情绪带给人的危害。美国德克萨斯州立大学的史密斯教授，曾经针对受测者情绪的变化及其个人生理心理状态做了一个实验。

他在实验报告中指出：一般人情绪大多在处于焦虑、愤怒、恐惧情况下，会有一种来自脑下腺的激素肾上腺皮质刺激素，分泌出来刺激肾上腺，因而影响受测者的生理状态。在这种情况下，受测者极易产生心跳加速、口干、胃部胀痛等生理现象。这种情形如果持续进行，就容易引起心脏病、高血压或胃溃疡等后遗症。

天有不测风云，人有旦夕祸福。日常生活中我们难免会遇到一些挫折、困苦等不愉快的事，而一味地生气、情绪狂躁，不但不会使事情好转，反而严重地伤害身心健康。

暴躁的人是令人讨厌的。罗素·克洛可算是当今影坛炙手可热的大明星了。他主演的《美丽心灵》风靡全球，拿的奖项多得让导演、演员手腕发酸，罗素·克洛更被认为极有可能再次捧走奥斯卡小金人。但不少人也发表看法说"罗素·克洛不会得奖，不是因为竞争的激烈，而是他自己暴躁的性格"。

的确，离开了摄像机，罗素·克洛就成了暴躁的狮子，他爱发脾气、酗酒，虽然观众喜欢有性格的演员，可是像罗素这么大的脾气也没几人能招架得住。

罗素·克洛和尼科尔·基德曼一样，同是在澳大利亚长大，四年前还默默无闻的他如今已成了好莱坞巨星之一。从《TheInsider》《角斗士》到《美丽心灵》，罗素·克洛已经是第三次角逐奥斯卡最佳男主角，但人们都说他因为自己的臭脾气而犯了一次自杀性的致命错误。

那次，他获得英国电影学会奖的最佳男主角，罗素为了一表兴奋之情，在领奖时赋诗一首，结果被BBC在播出时删掉了，这下把罗素激怒了，虽然他后来为自己的鲁莽道了歉，但却没得到大家的原谅，他们认为罗素纵然把纳什演得出神入化，可他本人却是脾气大得让别人接受不了。

在生活中，有的人温和稳重；有的人快捷活泼；有的人迟缓安静；也有的人激动急躁。罗素·克洛属于后者。我们无法确知一个能控制自己性情、胜任各种角色的好演员因何控制不了自己的脾气,但我们可以肯定的是,你的名气再大、演技再好,一副坏脾气足以拉住你继续前进的脚步。

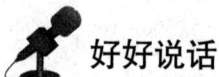 **好好说话**

性格暴躁且容易发怒的人是不受欢迎的。没有人喜欢你在工作了一天回家后,直到吃过晚饭上床睡觉这一大段时间内,都闷声静气,不说一句话;也没有人喜欢你不断地发牢骚。人们更不喜欢你把这类话挂在口头上:"噢唔,嗷!""不要打扰我""你看我多忙啊!""我们不要再讲这件事好吗?""讨厌透了,我不愿再听了!"这种人是自私的。如果你想让自己生活得和谐,那你就要换一副笑脸。

不抬杠,和人作对是自作聪明

一件事情,不一定非要有个定论,你有你的观点,我有我的想法,大家和而不同,互相了解一下对方也是很好的,为什么非要争个对与错,甚至鱼死网破?

甲:"这部电影糟透了,看了两个钟头,却一点意义也没有。"

乙:"看电影何必要看有什么意义呢?而且这一部片子实在不能算是很坏。"

甲:"不过我认为它的布景是很宏大的,一定费了许多工夫。"

乙:"不对,它的布景是电脑做的,全是假的。"

甲:"演员也算相当卖力,只可惜为剧本所限,不能充分发挥他们的才干。"

乙:"就这几个演员,再好的剧本也演不好!"

…………

上面的对话在你看来也许觉得可笑,不过这情形多着呢!有些人习惯性地和别人作对,无论别人说什么,他总要反驳。他自己本来一点观点也没有,不过你说"是"时,他一定要说"否";到你说"否"时,他又说"是"。这是最可怕的习惯,犯的人很多,而且每每自己还不知道。

为什么会这样呢?因为他不喜欢听取别人的意见,心目中只有他自己,而且自以为比别人高明,事事要占上风。

即使你真的比别人高明,这种态度也是要不得的。你不为对方留一点余地，要逼到他无路可走，才觉得满意——我知道你并没有想到这一层，但实际上你正是这样做的。这种习惯使你自己与朋友或同事疏远，没有人肯为你提供一点意见，更不敢向你提一点忠告。你本来是一个很好的人，但不幸你有一点爱和他人抬杠的脾气。

改善的方法就是养成尊重别人的习惯。你要明白，在日常谈论的没有绝对是非标准的问题当中，你的意见不一定是对的，而别人的意见也不一定是错的。汇总起来，你至多有一半是对的。那么你为什么每次都要反驳别人呢？

有这毛病的，聪明人居多数（否则也是自作聪明的人）。他也许是太热心，想提出更高超的见解。他以为这样可使人敬服，但事实上他完全错了。一些平凡的事情，是不必费心去做更高深的研究——至少我们日常谈话的目的，是消遣多于研究。既然不是在庄重地讨论问题，又何必在琐屑的事情上抬杠？所以，在轻松的谈话中不可太认真。

你的同事向你提一个意见时，你若不能即刻赞同，但也要表示可以考虑，不可马上反驳。要是你的朋友和你聊天，你更要注意，意见的纷争会把有趣的生活变得乏味。

倘若你的夫人问你："我的发式好吗？""不

好。""我的衣服美丽吗?""不大美丽。"或她说:"这双黄色的鞋子真好看。"你却偏要说:"不如黑色的。"她说:"孩子应该早点起床。"你却说:"迟点也不要紧。"试想,这真是大煞风景啊!

 好好说话

记住:千万不要抬杠。你不可做一个固执的同事,不可做一个没趣的朋友,不可做一个无情的爱人,不可做一个冷酷的父亲,不可做一个执拗的弟弟。

不妄议,不背后评论别人

谁人背后无人说,谁人背后不说人。相信很多人都在背后说过别人的是非长短。不过有一点,经常在背后说别人坏话的人,肯定不会是受欢迎的人。因为凡是有点头脑的人,都会自然而然地这么想:"这次你在我面前说别人的坏话,下次你就有可能在别人面前说我的坏话。"这样一来,说人坏话者在别

人的印象中就不可能好到哪里去。

玉华的公司长期和外贸公司合作做生意。外贸公司的大胖子徐经理可以说是他们的财神爷。

有天在公司里,玉华极力劝说徐经理和他们扩大贸易范围,费了九牛二虎之力也没能说服徐经理。徐经理刚一走,玉华就恼羞成怒地说:"你们看徐胖子,往公司大门口一站,蚊子都只有侧着身子才能飞进来;他那条短裤,肯定是他老婆用两个米袋子改的。"

结果徐经理忘了拿包,正好回来。虽然旁人不断给玉华使眼色,但他越说越得意,全然没注意到徐经理正在自己后面。过了一会儿,玉华才发现人们都不笑了,一回头,恰好看到徐经理涨得发紫的脸,玉华当时的尴尬劲儿就甭提了。旁人赶紧打圆场:"玉华这个家伙,就是嘴巴讨厌。"玉华也急忙赔着笑脸道歉,说自己喜欢开玩笑。徐经理当时没吭一声就走了。

之后,虽然玉华多次请徐经理吃饭,想方设法赔礼道歉,但关系始终恢复不到以前的样子了,合作生意因此也少了很多。这就是背后说人坏话的代价。

做人做事有这样一条规则:判断别人时你自己也被别人判

断。一个经常说别人坏话，挑别人短处，指责别人错误的人，只会让人感到其爱挑剔而难于与其相处，让人感到其品质恶劣而对其厌烦。如果你总是认为这个也不好，那个也不行，人人都有问题，那么只能说明你自己不善于与人相处，自己有问题。别人正是通过你对别人的判断，来判断你的为人。

喜欢听好话似乎是人的一种天性。当来自社会、他人的赞美使其自尊心、荣誉感得到满足时，人们便会情不自禁地感到愉悦和鼓舞，并对说话者产生亲切感，这时彼此之间的心理距离就会因一句好话而缩短、靠近，自然就为交际的成功创造了必要的条件。

背后说别人的好话，远比当面恭维别人说好话的效果好得多。我们在背后说的他人的好话，是很容易就会传到对方耳朵里去的。

假如我们当着上司和同事的面说上司的好话，同事们会说我们是在讨好上司，拍上司的马屁，从而容易招来周围同事的轻蔑。另外，这种正面的歌功颂德所产生的效果是很小的，甚至还会有起到反效果的危险。同时，上司脸上可能也挂不住，会说我们不真诚。与其如此，还不如在上司不在场时，大力地"吹捧一番"。而这些好话，总有一天会传到上司耳中的。

有一位员工与同事们闲谈时,随意说了上司几句好话:"刘经理这人真不错,处事比较公正,对我的帮助很大,能够为这样的人做事,真是一种幸运。"这几句话很快就传到了刘经理的耳朵里。刘经理心里不由得有些欣慰和感激。而那位员工的形象,也在刘经理心里上升了。就连那些"传播者"在传达时,也忍不住对那位员工夸赞一番:这个人心胸开阔,人格高尚,难得。

在背后赞扬别人,能极大地表现说话者的"胸怀"和"诚实",有事半功倍之效。比如,夸赞上司,说他办事公平,对你的帮助很大,还从来不抢功,那么,往后上司在想"抢功"时,便可能会手下留情。

当别人了解到你对任何人都一样真诚时,对你的信赖就会日益增加。

好好说话

如果别人有什么缺点,你可以寻找适当的机会当面向他提出,或者容而忍之、视而不见。总之,背后议论别人的做法绝不可取。

不逞强，直言直语最伤人

普通的对话，十有八九是没有绝对，也没有标准的。自己的意见不一定都是对的，别人的意见不一定都是错的，按概率来分解，你至多有一半是对的，有什么理由每次都要反驳别人呢？

有的人虽然态度谦恭，却由于与人沟通时，好逞一时的口舌之快，常常在不经意间以言语冒犯人。在一定程度上，言语冒犯带来的恶劣后果要大于"盛气凌人"。言语冒犯有轻有重。轻者，惹人不高兴；重者，则可能伤及人的面子、自尊，让人产生报复的心理。

因言语冒犯引发的不愉快是常有的。有的人说话随意，不考虑对方的反应，不考虑说出的话会导致什么后果，常常会给自己惹麻烦。而言语谨慎，不冒犯对方的人，哪怕面对的是一个十足的无赖，也能够化险为夷。

所以，和人交谈，忌逞一时的口舌之快，更不可恶语冒犯，使人不快甚至痛苦。

梁先生是个口无遮拦、直来直去的人。有一次他在保龄球馆和同事打球，对方是初学，技术自然不行。出于好心，他便教起对方来。打球过程中，他一会儿说人家"真臭"，一会儿说："你这人看起来挺精明的，怎么学打球这么笨。脑子是不是进水了？"气得同事不客气地说："你说话可不可以委婉点？""什么委婉，你笨就笨嘛，还不让人说了。真是的。"同事气得无语，转身走了，两个人弄得十分不愉快。

言语可以是蜜，客客气气地让人听了心里舒服；言语又能变成一把刀，锋利地刺得人心里流血。前者，会使人对你心生好感，后者则会让人对你痛恨不已，甚至心生报复。

直言直语是一把双面利刃，而不是一把可以劈荆斩棘的开山斧。在你语言的刀子上加一把刀鞘，让你的语言委婉一些，不要冒犯别人，否则，这把刀子砍伤了别人后，也会砍伤自己。

"直言直语"是人性中一种非常可爱的值得大家珍惜的特质，因为唯有直言直语，才能让是非得以分明，让正义邪恶得以分明，让美和丑得以分明。只是在与人交往中，不加刀鞘的"直言直语"却给这种性格的人以致命伤。

喜欢"直言直语"的人说话时常只看到现象或问题，也常只考虑到自己的"不吐不快"，而很少考虑旁人的立场、观念以及心理感受。这样就会使别人时时陷入窘境，甚至产生忌恨心理，于是，人际关系就会出现阻碍。别人不能离你远远的，那就想办法把你赶得远远的，眼不见为净，耳不听为静。

 **好好说话**

喜欢直言直语的人一般都具有"正义倾向"的性格，言语的爆发力、杀伤力很强。并且有时候这种人也会变成别人利用的对象，鼓动你去揭发某事，或攻击某人。不管成效如何，这种人都是最终的受害者。

不自夸，知道多少说多少

知之为知之，不知为不知，是知也。许多人不愿意说出"不知道"这三个字，认为那样做会让别人小看自己，使自己没有面子，结果却适得其反。

对自己不知道的事情，坦率地说不知道，不仅不会让人小看你，还会赢得别人的尊重，认为你是一个谦虚的人。

地域不同、文化背景各异的情况下，语言沟通困难时，偶尔说一说"我不明白""我不太清楚""我没有理解您的意思""请再说一遍"之类的话，会使对方觉得你富有人情味，真诚可亲，从而愿意与你合作。

相反，趾高气扬，高谈阔论，锋芒毕露，咄咄逼人，很容易挫伤别人的自尊心，引起人家的反感，以致筑起防范的城墙，从而导致自己的被动。

谦逊比精明逞强更能获得人们的帮助，细声小语有时反比伶牙俐齿更易取得成功。

有一次，一位外国人去旁听一位美国加州大学著名教授的演讲。课上他提出他做的老鼠实验的结果。此时，有一位学生突然举手发问，提出了他的看法，并问这位教授假如用另一种方法来做，实验结果将会如何。所有的听众全都看着这位教授，等着看他如何回答这个他根本就不可能做过的实验。结果，这位教授却不慌不忙，直截了当地说："我没做过这个实验，我不知道。"

当教授说完"我不知道"时，台下响起了经久不息的掌声。

心理学家邦雅曼·埃维特曾指出，平时动不动就说"我知道"的，不善于同他人交往，也不受人喜欢；而敢于说"我不知道"的人，显示的则是一种富有想象力和创造性的精神。埃维特还说，如果我们承认对某个问题需要思索或老实地承认自己的无知，那么我们自己的生活方式就会大大的改善。这就是他竭力提倡的态度，人们可以从中得到益处。

有一位从事统计工作的女性，调到某单位的第一天，就与陌生同事大谈自己的过去，说自己如何如何行，并无意间冒出一句"像我这类人在单位都属高端人才"。结果，同事都说：你是高端人才，还跑到我们这种小地方干什么？

自我表扬，非但不能获得别人对自己的好感，而且是不正确看待自己、自高自大的表现。这种人常常不做自我批评，对别人的优点视而不见，而只是高高地昂起头，好像谁也不如自己。这样的做法是为大多数人所不屑和讨厌的。

自我表扬的结果就是，只向别人证明了你其实没有什么可炫耀的，同时给人一种感觉："这个人所说的话一点也不可信，别听他瞎吹。"

网上有一个关于萧伯纳的故事：

萧伯纳到莫斯科旅游，遇见了一位小女孩，两人十分投缘，聊了很久。到分别时，萧伯纳对小女孩说："回去告诉你妈妈，今天你和世界名人萧伯纳聊了很久。"

小女孩抬头看了他一眼，说："回去告诉你妈妈，你今天和漂亮的苏联小姑娘安娜聊了很久。"

萧伯纳一听，马上意识到刚才自己太自傲了，不禁一时语塞。后来，萧伯纳深有感触地说："一个人不论取得多大的成就，都不能自夸。对任何人，都应平等相待，永远谦虚。小姑娘真是我的一位好老师。"

不少人看到这个故事的时候，都会感慨于萧伯纳的心态。对于一个在当时已经是知名剧作家的人来说，会因为小女孩的一句话，而反省自己，是极其难得的。因为每个人都一样，在一无所有的时候，低头是一件容易的事，走得越高，越容易得意。一个在身处高位时，仍能保持谦逊心态的人，才是一个真正有着大格局的人。而一个人真正的教养，往往藏在他得意的时候。

好好说话

言过其实就像欺骗，让人信以为真之后才发现根本不是那么一回事，听话的人感觉自己像傻蛋，久了也不会想和这种人做朋友。在兔子还未倒地之前，千万别吹嘘你打死了兔子。

事情未成功前就自吹自擂一点用也没有，纵然办成了也无须自夸，你需要的是谦逊而不是吹嘘。

不霸道，得理也肯让三分

我们平时与人打交道时，要学会以理服人，没理时不能蛮不讲理，有理时不要得理不饶人。没理时还蛮不讲理的人，似乎很少见，许多人或许是没有意识到自己"无理"，才会趾高气扬。

1985年4月15日出生于河南濮阳的岳云鹏，是德云社青年相声演员、影视演员。17岁时，岳云鹏曾在一家饭馆打工。有一次，因为不小心把3号桌点的两瓶啤酒，错写到了5号桌的单子上，其实就是6块钱的事。结果，客人不肯买单，还大骂了他近3个小时。经理去跟客人解释，也被骂了回来，最后岳云鹏不得不出了客人的352元餐费，对方才作罢。

2015年，在两度登上央视春晚之后，岳云鹏接受《面对面》栏目采访，主持人问他："你还恨那位客人吗？"他说：

"到现在我还是恨他！"说完就哭了。生活中，总是这样一些人，一旦自己占理，就开始寸步不让，咄咄逼人，摆出一副有理走遍天下的范儿。的确，有时候别人有错在先，但你得理不饶人的姿态，只会暴露个人教养。

什么情况下，一个人的表现会让别人觉得是得理不饶人？就是在一些非原则的问题上，因为自己"得理"，就抓住人家的过失不放，穷追猛打、咄咄逼人，最后将小问题演变成一场大闹剧。

就拿岳云鹏的事来说，的确他有错，但说到底也只是6块钱的事，人家道歉赔礼，还不依不饶地辱骂纠缠，甚至不买单。这样的人，可以想见他的素养有多高。

在一家餐厅里，一位顾客指着面前的杯子生气地对服务员说："服务员，你过来一下！你看看，你们的牛奶是坏的，把我这杯红茶糟蹋了。"

"哎呀，真对不起。"女服务员赔笑道，"我立刻给您换一杯。"

新泡的一杯红茶很快就准备好了，碟子上放着新鲜的柠檬和牛奶，跟之前的一模一样。女服务员走到顾客面前，轻声地说："先生，喝红茶时如果同时放入柠檬和牛奶，有时候柠檬酸会造成牛奶结块。"说着，女服务员亲自示范了一下，果然牛奶结块了。

顾客的脸一下子红了，不自然地喝了一口红茶，尴尬地对服务小姐说："明明是我错了，你为什么不明说呢？"

"毕竟您是客人嘛。无论出现什么情况，我们都要努力让客人满意，更何况这件小事也用不着大声嚷嚷，这样让您多不好意思呀！"服务小姐微笑着说。

在往后的日子，这位客人经常会来店里喝红茶，并且和颜悦色地与服务小姐寒暄聊天。

不急不躁的解释，远比反唇相讥效果更好。许多人在没理的时候会低下头，但在有理的时候却不依不饶。其实，"理直"的情况下，更要用"和气"来化解矛盾和误会。得理让人更见涵养，更显风度。

《菜根谭》上说："在狭窄的路上行走，要留一点余地给别人走；羊肠小道两个人互相通过时，如果争先恐后，两人都有坠入深谷的危险，在这种情况下先停住脚步让对方过去，才是有礼貌、最安全。"

遇到美味可口的饭菜时，要留出三分让给别人吃，这样才是一种美德。路留一步，味留三分，是提倡一种谨慎的利世济人的方式。在生活中，除了原则问题须坚持外，对小事、个人利益互相谦让就会带来个人的身心愉快。

让人，多发生于竞争情境，由于让人行为出现而使矛盾化解，争斗平息，对手变手足，仇人变兄弟。因此，让人是避免斗争的极好方法，对个体也具有一定价值。它具体表现在：

得理不让人，让对方走投无路，有可能激起对方"求生"的意志，而既然是"求生"，就有可能是"不择手段"，这对你自己将造成伤害，好比老鼠关在房间内，不让其逃出，老鼠为了求生，会咬坏你家中的器物。放它一条生路，它"逃命"要紧，便不会对你的利益造成破坏。

对方"无理"，自知理亏，你在"理"字已明之下，放他一条生路，他会心存感激，来日自当图报。就算不会如此，也不太可能再度与你为敌。这就是人性。

得理不让人，伤了对方，有时也连带伤了他的家人，甚至毁了对方，这有失厚道。得理让人，也是一种积蓄。

人海茫茫，却常"后会有期"。你今天得理让人，哪知他日你们二人不会狭路相逢？若届时他势旺你势弱，你就有可能吃亏！"得理让人"，这也是为自己以后做人留条后路啊！

好好说话

"人情翻覆似波澜。"今日的朋友,也许将成为明日的仇敌;今天的对手,也可能成为明天的朋友。世事一如崎岖道路,困难重重,因此走不过的地方不妨退一步,让对方先过,就是宽阔的道路也要给别人三分便利。这样做,既是为他人着想,又能为自己留条后路,多一个朋友多一条路嘛。

不抱怨,生活原本就有得有失

有的人从芝麻小事到国家大事都能找到不顺眼的点,然后抱怨个没完没了。吐苦水要适可而止,抱怨不仅没有散播欢乐散播爱,还会是散播坏情绪的病毒。

如果你想抱怨,生活中一切都会成为你抱怨的对象;如果你不抱怨,生活中的一切都不会让你抱怨。一味地抱怨不但于事无补,有时还会使事情变得更遭。

有这样一个故事:画家列宾和他的朋友在雪后去散步,他的朋友瞥见路边有一片污渍，显然是狗留下来的尿迹，就顺便用靴尖挑起雪和泥土把它覆盖了，没想到列宾对他说，几天来我总是到这来欣赏这一片美丽的琥珀色。在生活中，当我们一直埋怨别人给我们带来不快，或抱怨生活不如意时，想想那片狗留下的尿迹，其实，它是"污渍"，还是"一片美丽的琥珀色"，都取决于你自己的心态。

不要抱怨你的专业不好，不要抱怨你的学校不好，不要抱怨你住在破宿舍里，不要抱怨你的男人穷或你的女人丑，不要抱怨你没有一个好爸爸，不要抱怨你的工作差、工资少，不要抱怨你空怀一身绝技没人赏识你。现实有太多的不如意，就算生活给你的是垃圾，你同样能把垃圾踩在脚底下，登上世界之巅。

抱怨，是一件随时都会发生的事情。早上起床晚了，抱怨的人会想"唉！又要扣工资了"，不抱怨的人会想"是不是我太累了，是该找个时间好好休息一下了"；路上走路，与别人撞了一下，抱怨的人会想"没长眼睛啊？"，不抱怨的人可能根本就没意识到，最多会想"他也不是故意的"；到了公司，有个同事对面走过连个招呼也没打，抱怨的人会想"对我有意见？我还懒得理你呢"，不抱怨的人可能想都没想，最多会想"他也是想着做事，没留神"；工作上辛辛苦苦完成了一个任务，自认为无可挑剔，哪知交上去了才发现还有个小错误，抱怨的人会想"为什么事先没想到啊，真是白辛苦了"，不抱怨的人会想"我这么小心还是有疏漏，下次要吸取教训，要更加小心了"；喝口水呛着了，抱怨的人会想"怎么这么倒霉，喝水都要找我麻烦"，不抱怨的人会想"现在有点急躁了，沉稳一点"；吃饭咬到沙子，抱怨的人会想"谁洗的米，这么笨，沙子都不去掉"，不抱怨的人会想"有沙子是正常的，怪我不小心没看到"；下班了，领导说大家留一下，晚上要开会，抱怨的人会想"又开会，怎么不在工作时间开啊？我女朋友的约会怎么办"，不抱怨的人会想"原来这就是鱼与熊掌不可兼得也"；晚上回到家，累得不行，抱怨的人会想"为什么生活会这么累啊"，不抱怨的会想"又过一天了，今天还真有不少收获，现在马上好好休息，明天还要好好工作……"

　　为什么抱怨的人会说活得这么累，因为他只看到了自己的付出，而没有看到自己的所得；而不抱怨的人即使真的很累，也不会埋怨生活，因为他知道，失与得总是同在的，一想到自己获得了那么多，他就会感到高兴。

好好说话

没有一种生活是完美的,也没有一种生活会让一个人完全满意。如果抱怨成了口头禅,就像搬起石头砸自己的脚,于人无益,于己不利,生活就成了牢笼一般,处处不顺,处处不满;反之,则会明白,自由地生活着,本身就是最大的幸福,哪会有那么多的抱怨呢?

不出恶言,不碰触别人的痛处

想和上司、同事建立良好的人际关系,一定要记住:保持适当距离,做事公私分明,尤其要注意,言谈之间不要说到别人的痛处。被击中痛处,对任何人来说都是不愉快的事。

不碰触别人的痛处,不但是说话待人的礼仪,更是左右逢源的关键。

有修养的人即使在盛怒之下,也不会扩散愤怒的波纹,但是涵养不够的人,被激怒了,往往就会面露凶貌、口出恶言,甚至随手拿起手边的东西往地上摔。

某些人暴跳如雷的时候，还会口不择言，用侮辱性的语言攻击别人最敏感的隐私，这是相当不智的行为。

一旦你攻击他人的痛处，修养好的人虽不至于当场发作，与你破口对骂，但心中的疙瘩和怨恨往往难以抹平，如果不幸他是你的上司或客户的话，你就会变成被"封杀"的对象。

在公司里，"封杀"意味着调职、冷冻、开除。如果你是公司负责人，"封杀"就代表着对方拒绝继续与你往来，或是"冻结彼此的关系"。

中国古代有所谓"逆鳞"的说法，强调即使面对富有智慧的气度的蛟龙，也不可掉以轻心。

传说中，龙的咽喉下方约一尺的部位，长着几片"逆鳞"，全身只有这个部位是逆向生长的，万一不小心触摸到这些逆鳞，必定会被暴怒的龙吞噬。至于其他部位，不论你如何抚摸或敲打都没太大关系，只有这几片逆鳞，无论如何也触摸不得，即使轻轻摸一下也犯了大忌。

每个人身上也都有几片"逆鳞"存在，即使是人格高尚伟大的人也不例外。唯有小心观察，不触及对方的"逆鳞"，也就是我们所说的"痛处"，才能保持圆融的人际关系。

谁都希望自己比别人聪明，谁都不愿意别人发现自己的失误。很多人最大的本事就是通过宣扬别人的错误来显示自己的聪明，而这恰恰触到了别人的心病。所以有意无意地张扬别人的错误，是一种损人利己的行为。

每个人都有不为人知的秘密或隐私，在他过去的工作或生活历程中，他也许曾犯下错误，甚至做过不光彩的事情。如果你知道内情，在你的下属、同事或朋友犯错误或和你有不同意见而出言顶撞的时候，你将会怎么办呢？是揭人隐私，还只是就事论事？

有些人虽然不会把别人的隐私抖出，却常常把它当作筹码来压制他人。譬如，在盛怒的时候会说："你少跟我斗，你过去的黑资料还在我手中呢！"那个可怜的人会因为的确有污点掌握在别人手中，只好忍气吞声，但他心里却是非常气愤，于是，这种心情积累到一定程度，就会出现互相攻击对方隐私的情况。彼此都把对方的隐私抖出来，弄得两败俱伤，除了引来一大堆人围观，对谁也没有好处。因此，你要清楚，揭人疮疤是最没必要的。

也许有人会说："我并不是喜欢揭他的疮疤，但他的态度实在太恶劣，我才忍不住的。"这话乍听之下似乎有道理，但实际上只说明自己胸襟太窄。

在同事或同学之中，有的人总希望能有机会显示自己的能耐，一旦发现别人的失误，就似乎看到了自己的胜利，绝对不会忘记大肆地宣扬出去。如果朋友破天荒地办了件蠢事，你就像发现了新大陆一样，在背后逢人便讲，这是一大陋习。有些企业领导也有此陋习。某单位召开职工大会，厂长很神秘地宣布：“据可靠消息，某兄弟厂今年亏损300万，下岗200人。某兄弟厂今年亏损400万，下岗150人。”完了，还要附加一句"这是内部消息，外面不要乱张扬。"其实是此地无银三百两，巴不得大家好好宣扬。这似乎就是表彰他自己的功绩，其实他自己亏损多少，可能他连算都不敢算。这种东方式的竞争，很多人发挥得淋漓尽致。

当然也有人由于心直口快，无意中把别人的失误给当面指出来，直到别人脸红脖子粗，才意识到这样似乎不大妥当。很安静的办公室里，你发现同事文件上的一个字写错了，你是好心好意地来到他面前，声音不算很响地告诉他"你把'狠'写成'狼'了"，其他人可能没听到，但他却会感觉很难堪，并以为所有人都听到了，如果有人偷偷地笑一声，那就更让他几天都会感觉脸上无光，他也因此可能恨你几天。

好好说话

宣扬别人的失误必然会让对方难堪、尴尬、伤了自尊。如果对方能较好地看待，或者说你这人本质还不错，那么可能结果会好些。万一对方是个很要面子的人，或者你人缘本来就一般，那就可能对你很不利了，你得小心着万一哪天就会有人报复你。如果你树敌还不止一个，那就更麻烦了！

不找借口，别找理由推脱责任

无数的人与成功失之交臂，重要的一点是为自己找到了自欺的理由。像什么"如果每天不堵车，我就不会经常迟到了；现在竞争太激烈了，要是早几年我也会成为××行业的精英；如果我有××的学历我早就成为这方面的杰出人才了"……这些借口都是自欺欺人的。在你每找一个借口的同时，你也不经意间失去了一次机会。

不让自己找借口，实际上是自己向自己挑战，是为自己寻找走向成功的阶梯。

在闻名世界的美美国西点军校里,学员们在回答长官的问话时只能回答四句话,即:"是,长官。""不是,长官。""不知道,长官。""没有任何借口,长官。"

"没有任何借口"的行为准则在200多年来使无数的西点军校的毕业生在各自的人生和事业上取得了非凡的业绩,尤其在军事方面,无数的经典战例都出自西点学子的指挥。

如今的现代人爱拿文凭和能力的关系来做借口,一些没文凭的人总是自卑地对人说,如果当初我好好念书,有张大学文凭,我就会有能力和机会改变人生,不会像现在这样了;而一些有了文凭的人则自认能力超群,对工作高不成、低不就,甚至对日常的普通工作不屑一顾,时常慨叹好运为什么总不光顾自己。

前些年,由于文凭热的错误诱导,使社会上确实存在只注重文凭而不关心能力的现象,经历一段挫折后,现在各行各业对能力的侧重要比文凭更看重些。

大多文凭无用论的人会说什么现在的大学生收入不如开小卖部的多,花几年时间上大学既浪费时间又浪费金钱。其实说这话的人很无知,在大多数情况下,能力和学历还是成正比的,科技日益发达的社会,毕竟是大部分高学历的人领取高薪水，调查也证明，研究生的工资比本科生高一倍。如果你是一位文凭低却有能力的人，为何不再考取一张文凭，那工资不是又要提高很多了吗？

看看周围的同学、同事和朋友，无论在哪个行业和部门，学历高的自然提升得就快，并且有了学历高的装饰，连面子都不同程度地大了一些。

"有了文凭不代表就具有全面的能力"这句话没错，可惜很多人把它当成掩饰自己毅力不够的借口。狐狸没能吃到葡萄，就对自己和朋友说葡萄可能是酸的，这样它就安心于自己没吃到了。

狐狸只是因为吃不到才说是酸的，而不是因为那是酸的所以不吃，从其内心深处而言是非常想吃的，就是酸它也想吃。

所谓酸只不过是给自己想不劳而获的思想找个借口而已。而且，事实已经证明，虽然偶尔会出几个只会考试没能力的庸才，但大部分从这种残酷的升学体制存活下来的学生是适合社会要求的。一味地认为能力比文凭重要的人也只是在给自己找借口，因为他们根本没毅力坚持将知识学到手，有了借口失败当然也是理所当然的了。

无论在什么时候，根本不可能做到真正地将能力考核具体量化，只能先通过某一大众标准筛选，而真正的能力展现是靠你在实际工作中用行动证明的。面对一个机会，这对我们来说用行动去把握是最重要的。

美国职业篮球协球员新秀杰森·基德在谈到自己成功的历程时说："小时候，父母常常带我去打保龄球，我打得不好，每一次总是找借口解释由于这样或那样的原因使自己打不好，而不是诚心地去找没打好的原因。父亲就对我说：'小子，别再找借口了，这不是理由，你保龄球打得不好是因为你不练习。如果不努力练习，以后你有再多的借口你仍打不好。'他的话使我清醒了，现在我一发现自己的缺点便努力改正，决不找借口搪塞，这才是对己有益的。"达拉斯小牛队每次练完球，人们总会看到有个球员在球场内奔跑不辍一小时，一再练习投篮，那就是杰森·基德，因为他是一个不为自己寻找理由的人。

我们经常可以碰到类似的情况，遇到一些自己不愿干或不想干的事情，找个理由替自己推脱——"没有时间"；看到一些成功人士的事例，想到自己一事无成，找个理由自我安慰——"别人的机遇好，而自己不走运"……如果我们真的想做一件事,想得食不甘味,夜不能寐,就一定会去做,而且一定会做好。

某报有一篇人物专访:一位名气颇大的律师,其钢琴弹得不亚于专业水准,接受采访时记者问他:"业务如此繁忙,你是如何抽空搞音乐的?"他笑笑答道:"要是喜欢,总有时间。"每一个成功者都是那些清楚地知道自己需要什么的人,他们懂得如何去寻找,而不是整天为自己找理由开脱。

好好说话

不为自己找借口,哪怕是看似合理的借口,只有这样我们才能强化完成任何一项工作的理念。

不说绝话,留一点余地好见面

做事不要做绝,说话不要说尽。廉颇做事太绝,不得不肉袒负荆,登门向蔺相如谢罪。郑伯说话太尽,无奈何掘地及泉，遂而见母。所以俗话说："凡事留一线，日后好见面。"凡事都能留有余地，方可避免走向极端。

说话办事万不可使某一事物沿着某一固定方向发展到极端，而应在发展过程中充分认识，冷静判断各种可能发生的事情，以便有足够的条件和回旋余地采取机动的应付措施。

某报社的主编交给新来的记者王心一个重要的采访任务，同时，主编告诉他："这件采访工作在实施时存在一定的困难……"正当主编要详细地向他介绍一下时，王心却拍着胸脯说："没有问题，包您满意。"三天以后，没有听到任何动静，主编便问他采访进展得怎么样？进度如何？他才不得说："不像想象的那么简单。"

虽然主编也知道这个采访不会很轻松，但对王心当时轻易地拍胸脯表态却大有反感，从而对他这个人的能力也产生了怀疑。

生活中有很多事情我们无法预料它的发展态势，有的也不了解事情的发生背景，切不可轻易地下断言，不留余地，使自己一点回旋余地都没有。

有一个人，因在单位里与同事之间产生了一点摩擦，很不愉快。一怒之下，他就对那位同事说："从今以后，我们之间一刀两断，彼此毫无瓜葛！"

这句话说完不到三个月，他的同事成了上司。因他讲了过重的话所以很尴尬，只好辞职另谋他就。

这就是把话说得太满，而给自己造成窘迫的典型例子。把话说得太满就像杯子倒满了水，再也滴不进一滴水，再滴就溢出来了；也像把气球灌饱了气，再也灌不进一丝的空气，再灌就要爆炸了。当然，也有人话说得很满，而且也做得到。不过凡事总有意外，使得事情产生变化，而这些意外并不是人能预料的，话不要说得太满，就是为了容纳这个"意外"！

杯子留有空间就不会因加进其他液体而溢出来，气球留有空间便不会因再灌一些空气而爆炸，人说话留有空间，便不会因为"意外"出现而下不了台，因而可以从容转身。

有经验的人在面对记者的询问时，都偏爱用这些字眼，诸如：可能、尽量、或许、研究、考虑、评估、征询各方意见……这些都不是肯定的字眼，他们之所以如此，就是为了留一点空间好容纳"意外"，否则一下子把自己说死了，结果事与愿违，那不是很难堪吗？

以下两点是应该注意的。

1.做事方面

对别人的请托可以答应接受，但不要"保证"，应代以"我尽量，我试试看"的字眼。

上级交办的事当然要接受，但不要说"保证没问题"，应代以"应该没问题，我全力以赴"之类的字眼。这是为了万一自己做不到所留的后路，而这样说事实上也无损你的诚意，反而显出你的谨慎，别人会因此更信赖你，即便事没做好，也不会责怪你！

2.在做人方面

与人交恶，不要口出恶言，更不要说出"势不两立"之类的话，不管谁对谁错，最好是闭口不言，以便他日需要携手合作时还有"面子"！

对人不要太早下论断，像"这个人完蛋了""这个人一辈子没出息"之类属于盖棺定论的话最好不要说。也不要一下子评断"这个人前途无量"或"这个人能力高强"；足球名宿贝利对世界杯的预言被各大媒体当作笑话，他也因此背上了"乌鸦嘴"的恶名，原因很简单，他自以为是直截了当的预测把他推上了绝境，以至于世界杯巴西队有望夺冠之时，他也三缄其口,生怕自己大嘴一张吹走了巴西队的好运气。

少对人说绝话,多给人留余地,这样做不是仅仅为对方考虑,对对方有益,更是为他们自己考虑、对自己有益。

🎤 好好说话

三十年河东,三十年河西。今天有的事很可能用不了"三十年"就发生此消彼长的变化,人们相互间更是"低头不见抬头见"。如果把话说得太满,把事做得太绝,将来一旦发生了不利于自己的变化,就难有回旋的余地了。